ぼくとわたしの詩の学校

武西良和

溪水社

まえがき

武西良和先生は、和歌山県下で、長い年月、公立小学校にお勤めになり、和歌山大学教育学部附属小学校教諭、同副校長、和歌山大学教育学部国語科非常勤講師（「国語科教育法」等担当）、和歌山県公立小学校長（有功東小学校、三田小学校）等を歴任されました。現在は、智辯学園（和歌山小学校）に勤めておられます。

武西良和先生は、ご専攻の国語科教育の実践研究に努められると共に、現代詩の創作についても、すぐれた資質に恵まれ、たえず全力を傾注して、独創性にあふれた営みを積み重ねられました。国語科教育実践者として、取り組まれました研究報告は、単著・共著あわせて、三〇冊を越えており、詩人として独自の作品をまとめられた詩集群も、高い評価を得られ、斯界にゆるぎない地歩を占めておられます。

武西良和先生はまた、私家版として、「国語教室」（国語教育個人雑誌1～5号）、「ことばの力」（国語授業・言葉の通信、1～29号）などを発行され、ご専攻の詩の雑誌としては、個人詩誌「ポトリ」（二〇〇六年三月二五日創刊）があり、現在は第九号が発行されています。

こうした独特の実績に対しては、国語教育関係で、第20回博報賞（一九八九年一一月受賞）を、また、詩関係の受賞では、詩集「わが村　高畑」により、第一回更科源蔵文学賞を受賞された（二〇〇三年）のを初めとして三〇回を数えられます。
このたび、「詩の学校」と題して、小学校長としてお勤めになられつつ、子どもたちを詩の世界へと導かれました、武西良和先生は、その独自の営みをまとめられ、刊行される運びになりました。武西良和先生は、校長として有功東小学校、三田小学校にそれぞれ二年、計四年間、お勤めになりましたが、その間、毎月、校長室前の掲示板にご自作の〝詩〟を自筆と墨で模造紙に書かれ、貼られました。児童たちは、毎月、武西校長先生のお書きになる「詩」を読んで、〝感想〟を寄せるようになりました。校長先生と子どもたちとの独特の信頼関係から生まれた、子どもたちの「感想」も、校長先生の作品（詩）と共に収録され、「学校の詩」という本が誕生しました。
新著「学校の詩」は、左のように五部（Ⅰ～Ⅴ）構成になっています。
Ⅰ　春（出会い）の詩　1　四月の詩①～④／2　五月の詩①～④
Ⅱ　夏の詩　1　六月の詩①～④／2　七月の詩①～④
Ⅲ　秋の詩　1　九月の詩①～④／2　十月の詩①～④／3　十一月の詩①～④
Ⅳ　冬の詩　1　十二月の詩①～④／2　一月の詩①～④／3　二月の詩①～④
Ⅴ　別れの詩　1～5
校長先生のすぐれた詩（作品）に児童たちが全力で取り組み、すばらしい感想を寄せるという、学校全体で営まれた「詩の授業」が誕生しました。前例のない独創的な詩の授業記録が実現しました。みごとな成果に感嘆せずにはいられません。

――私こと、和歌山県下の先生方と国語科教育の研究を二〇年ちかく継続してまいりましたが、そういうご縁があって、武西良和先生との出会いに恵まれました。身のしあわせを深く感謝申し上げます。

平成二〇（二〇〇八）年六月六日

広島大学名誉教授
鳴門教育大学名誉教授　野地潤家

目次

Ⅱ 夏の詩

Ⅳ　冬の詩

ぼくとわたしの　詩の学校

Ⅰ　春の詩

1　四月の詩

（1）四月の詩①「春の畑」（三田小学校）

二〇〇六年四月、三田小学校に赴任して初めての掲示の詩です。自作の詩を墨と筆で模造紙に大きく次のように書きました。

春の畑　　武西良和

ほりおこされた
土たちが
空をゆっくり流れていく
雲を
ながめている

そして
静かに呼吸して
耳
をそばだてている
子どもたちの声が聞きたくて
また
もうすぐ芽生え
育ってくる草の生長の
音
が聞きたくて

土たちの頭を春の
風が
さわやかになでていく

子どもたちの感想

子どもたちの感想は校長室前の「感想箱」に入れられます。記名については自由ですから、記名の子もいますが、無記名の子やイニシャル、学年だけなどさまざまです。

①感動を書く子

○この詩は、とてもいい詩だと思います。こうちょうせんせいが、書いた詩は見て、書かれた事が、本当に目にうかびます。こうちょう先生は、詩人ではないのに、こんな、すばらしい詩を書くとは、本当に、いいと思いました。わたしも、こうちょう先生のようになれたら、うれしいです。

（5年1組　南出吏菜）

○この詩は、とてもいい詩だと思います。この詩を読んでいると、本当にその場所にいるような気がします。詩人ではないのに、こんなすごい詩を書けるなんて良いと思います。本当の詩人のようで、そして、きれいな字で、毛筆なんてすごいです。私も、校長先生のようになれたらと思います。

私は詩が大好きだけど、校長先生の詩が、一番きにいっています。どこがきにいったかというと、土が、空をながめたり、呼吸したりしているのが、私はすごく感どうしました。

5年1組
南志保

（五年一組　山本糸衿）

○私は詩が大好きだけど、校長先生の詩が、一番きにいってます。どこがきにいったかというと、土が空をながめたり、呼吸したりしているのが、私はすごく感どうしました。

（5年1組　南　志保）

○武西良和様へ　校長先生の詩を読んで、詩を書くなんて……やっぱりすごい！私には、こんな詩かけませんよ～。でも、先生みたいになれるように、私も、がんばります！もし、できたらでよろしいですけど、お返事くれませんか？これからも、よろしくお願いします～！

（5―2　高良まゆより）

○校長先生へ。こんなにいい詩を作れましたね。私たちはいろいろ、詩を書いているけど、こんなに、いい詩は、作ったことはないな～。まるで、毎日、空で、ずっと見ている太陽や、雲みたい！そんなことまで分かるなんて……。もしかしたら、校長先生って、天才かも。（5―2　大城　亜衣）

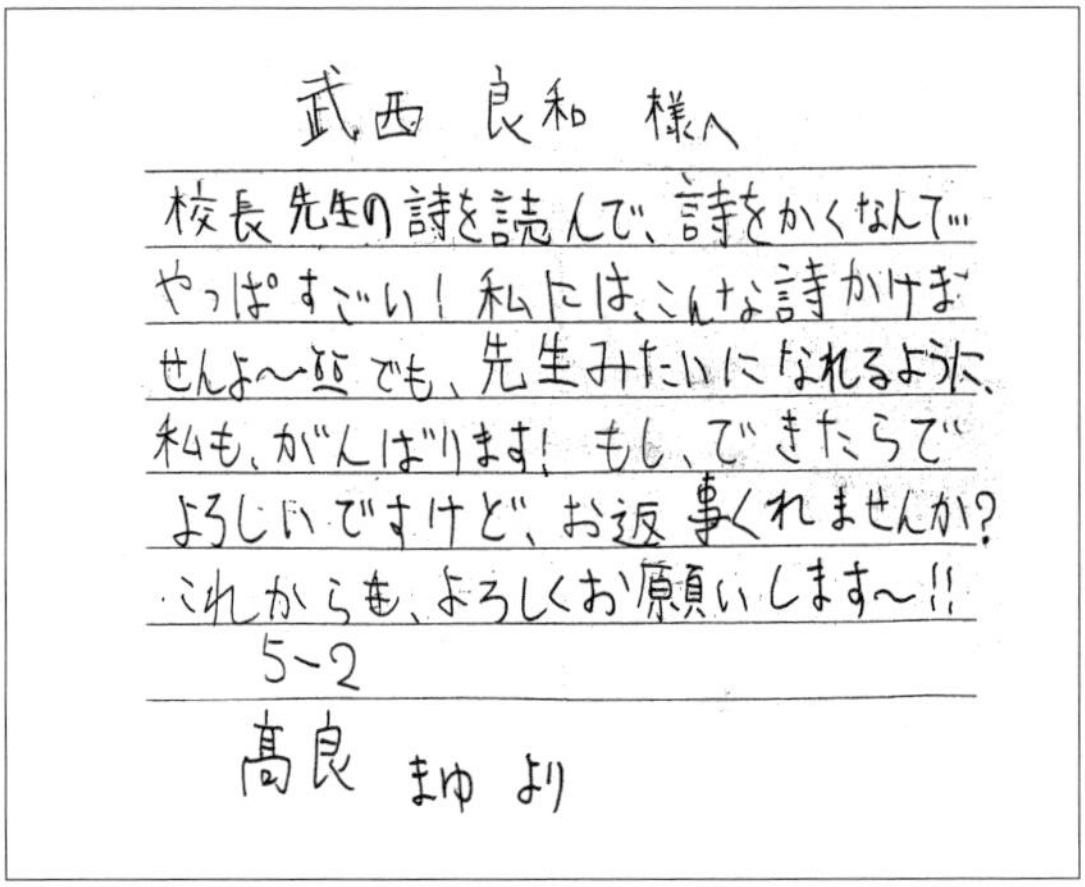
武西 良和 様へ
校長先生の詩を読んで、詩をかくなんて…
やっぱすごい！私には、こんな詩かけま
せんよ～。でも、先生みたいになれるように、
私も、がんばります！もし、できたらで
よろしいですけど、お返事くれませんか？
これからも、よろしくお願いします～!!
5～2
高良 まゆより

○校長先生の詩をよんで日ごろ何も思わないで上を歩いてる土が生き物のように感じられました。また五月の詩をかいて下さい。（吉田）
○音楽でうたをうたったとき、「～いく」や「～て」という言葉が多いなあと思いました。「さわやかになでていく」という言葉などは、私はゆっくりした感じの春だなと思いました。春の感じが出ている曲だなあと思いました。
○この詩は、すごく春の、かんじがして、とても、あたたかい、かんじが、しました。春はいろいろな生物たちや、植物たちがいるんだと思いました。
○校長先生の詩は、とってもいい詩で、何かを思い出すような感じがします。たとえば「空」を思い出します。この詩にもでてくる「畑」も思い出します。これからもいい詩を作ってください。

②感動を端的に書く子
○校長先生の詩はとても美味しかった（うまかった）です。（6―2　西川、石川、鈴木）
○詩がうまいと思った。（6―3）
○本物のように、（風景がよみがえるように）見えてくるよう。すごくすてきな詩です。（萩原亜季）
○とてもたのしい詩でした。

○自然の風景がよくわかりますね。こんどからもこんな詩かいてください。（できす　みさ）
○この詩かっこいいです。
○けっこういなかのような風けいがうかんでくるとってもいいしですね。
○校長先生がしがじょうずだったことは、はじめてしりました。こんな校長先生をそんけいします。
○春の畑の様子が良く分かりました。一つ一つがいい言葉でした。
○この詩は、いい詩だと思います。
○校長先生　歌も作ってすごい。
○おっとりした感じで、なんだかやさしいイメージだ。読んだだけで「春だ！」って思います。
○とっても土のかおりがしていいしだとおもいます。そして、はるらしいです。
○校長先生が書いた詩は、とても春らしいと思います。
○いい詩ですね！
○自ぜんがこきゅうしているみたいでとても美しいしだと思います。（5―1　国本美優）
○いい音だと思いました。この詩はすごいなあと思いました。（由梨）
○この詩はやさしそうです。上手な詩でした。また、いっぱいよみたいです。（勝浦万裕）
○カッコイー。
○きれいな詩がいいです。

○この詩はうつくしくてきれいなあと思いました。
○この詩は上手やしすごいな。

③質問や疑問を書く子

○校長先生は詩の作者でだれが好きですか?返事下さい。（6—2）
○育ってくる草の生長の音がききたくて、どんな音?（5—1　岩橋　怜奈）
○そばだてているってどういういみですか?
○いつから詩を書くようになりましたか。（6—2）
○なぜ校長先生はしをかくようになったのですか。じょうずだと思いました。（6—2）
○校長先生へ。（久保）校長先生の書いた詩は、とてもうつくしい詩ですね！（谷）この詩をなぜ書こうとしたんですか?とてもいい詩ですね。（5年2組　谷と久保より）
○校長先生はどうして詩を書こうと思ったんですか?（6—2　山口　近田）
○みてもみてもきれいな詩でした。こうちょう先生がかいたの?上手だね～。

④希望や願いを書く子

○「子どもたちの声が聞きたくて」というところが私はとっても好きです。（急いでいるので字はきたないですが、そこはゆるして下さいね）まだ校長先生と話をしたことはないけど、またこれから話をしましょうよ！

○あんまり意味が分からなかったけど、なんとなく分かるような気がしました。もしよかったらサッカーの詩も書いて下さい。（6—2　山崎ケビン　24番）

○校長せんせいてんさい。こんどもかいてくださいね。

（6—3　貴志　任）

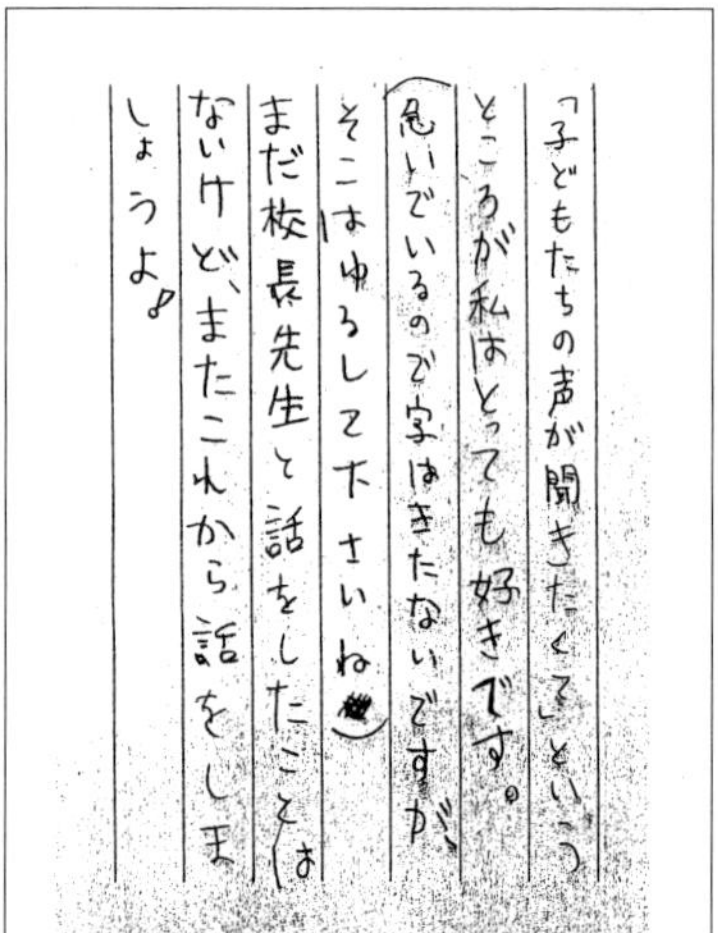
「子どもたちの声が聞きたくて」という
ところが私はとっても好きです。
（急いでいるので字はきたないですが、
そこはゆるして下さいね）
まだ校長先生と話をしたことは
ないけど、またこれから話をしま
しょうよ!

○土たちが生きているような気がしました。これからもすてきな詩をよろしくおねがいします。（吉岡史織）

○校長先生へ。自分で詩が作った事がすごいです。私は詩を作る校長先生がいることがおどろきました。この詩のようにいっぱい詩をかいて下さい。

○すてきな詩をありがとうございました。私は詩が大好きなので　またあれば書いて下さい。

○校長先生へ。校長先生の詩　春ってかんじがすごくでていました。私もこんな詩かけたらいいなと思いました。次回もたのしみにしています。（5―5　ばば　かなこ）

○この詩はいい詩だと思いました。わたしもつくりたいなあと。

（6―2　堀尾　愛理）

⑤卒業生が感想を書く

○私は、この詩をよんで、春らしさが伝わってきました。この詩を冬でも夏によんでも春の詩だとみんなが思うと思います。これからも、詩をけい示して下さい。また、見に来ます。（楽しみにして）（BY新中1より）

わたしはこの子を知りません。初めて出会う子どもです。初めて赴任した学校で、書いた詩に、このような感想が入ることに感動します。子どもたちは、何かを「求めている」と感じました。そして、何かを「言いたがっている」とも感じました。

なお、この私の自作の詩を「視写している」子もいました。

（2）四月の詩②「春」（三田小学校）

二〇〇七年四月に、次のような詩を書きました。

春

武西良和

草がわらっている
ふふふふふっ
木の葉がほほえんでいる
ひらひらひらひら

土が目を覚ました
うーん
ういーん
うううううーっ

むっくり
と起きあがって春が
歩き始めた

—かえる君
起きていっしょに
川へ行こう

ケロケロケロケロケロッ
ピョンピョン
ピョン

この詩はオノマトペを使用しています。オノマトペは言葉に取りかかるきっかけであり、言葉の力をつける原動力だとも思っています。何回かにわたって使用しました。

子どもたちの感想

①端的に感想を書く子

子どもたちは、掲示板の詩に次のような感想を書いています。

○すてきな詩だと思います。
○なんとなく　おもしろい詩
○すごくおもしろいです。
○おもしろい詩だなあと思いました。
○すんばらしい
○とても春らしかった
○びっくりするくらい
○春がきた感じだと思いました。
○すごい春のきぶんのしです。（5年三組　あわ　まりな）
○春はいろんな生き物がいるんだなあと思った。（4年）
○春はあったかいよ。
○いろいろなことがわかりました。（山口りな）

○春ってわかりました（山口りな）
○春はあたたかくて、たくさんの花がさいています。
○校長先生　詩がうまいねえ、ケロロロ。

このように感想が入れられると、とても幸せな気分になります。

②詳しく感想を書く子

感想はこれだけではありません。次のような言葉が入ることもあります。もう一歩踏み込んで、感想を詳しく書いています。

○わらっている所がよかったです。春がきている詩ですね。
○美しい春だと思いました。もう、春も、走ってにげて行く感じがします。（3年1組　高木美保）
○きもちがよかったです。カエルくんがおもしろいです。（あかね）春のきもちがわかった。（かえで）
○とても春を感じます。いいしだなと思います。これからもいいしをつくってまいりましょう。（山下ゆかり）

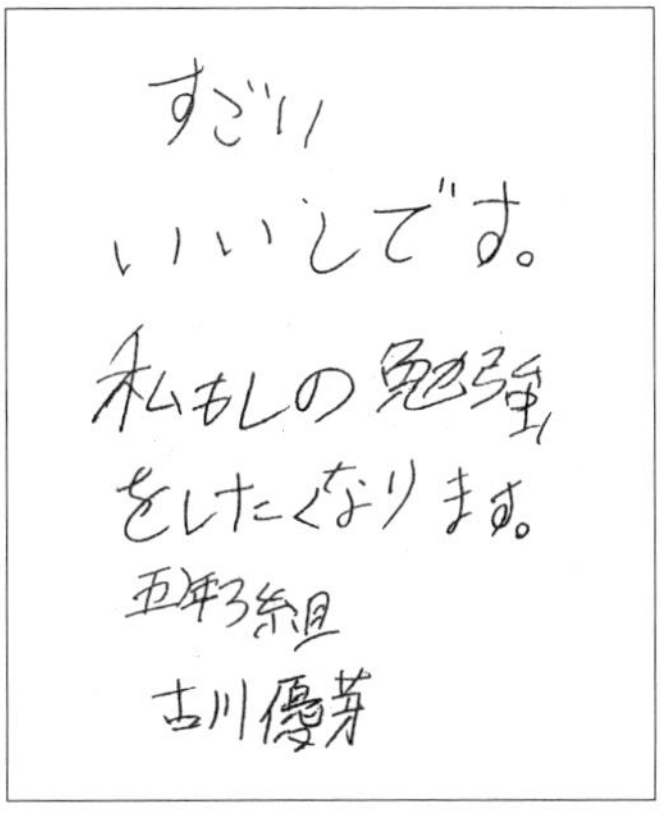
すごい
いいしです。
私もしの勉強
をしたくなります。
五年3組
古川優芽

○もう春になったな、と思いました。木の葉やカエルの想像がとてもゆたかでした。（五の三　東山あゆみ）
○いつも、詩は上手ですね。心がおちつくねーうんうん。（勝浦まゆより）
○すごい　いいしです。私もしの勉強をしたくなります。（五年3組　古川優芽）

③文字に感想を書く子

子どもたちの感想を読んでいると直接、詩の内容とは関係ないのですが、次のような言葉も入ります。

○漢字の読めないのがあって、読めませんでした。春らしいと思いました。（4年）

④詩を読んで詩を書く子

詩の感想を書く子どもの中には、詩を読んで、その詩に触発されて、自分の詩を書く子が出てきます。例えば、次のようにです。

○こうちょうせんせいへ　このしはどうですか？
　はるかぜも
あたたかく　のにもやまにも

はるがやってきました
このしです。（二年二くみ　大谷かんな）

次の言葉も、詩と考えていいでしょう。

○あたらしい一年生が入ってきた
いっしょに春ときた。（いあんより）

あるいは、次のような言葉も詩の仲間と考えてよさそうです。

○ぴロぴロリ
キラキラキラと
ひかっている
スケートリンク
キラキラと　（5・1）

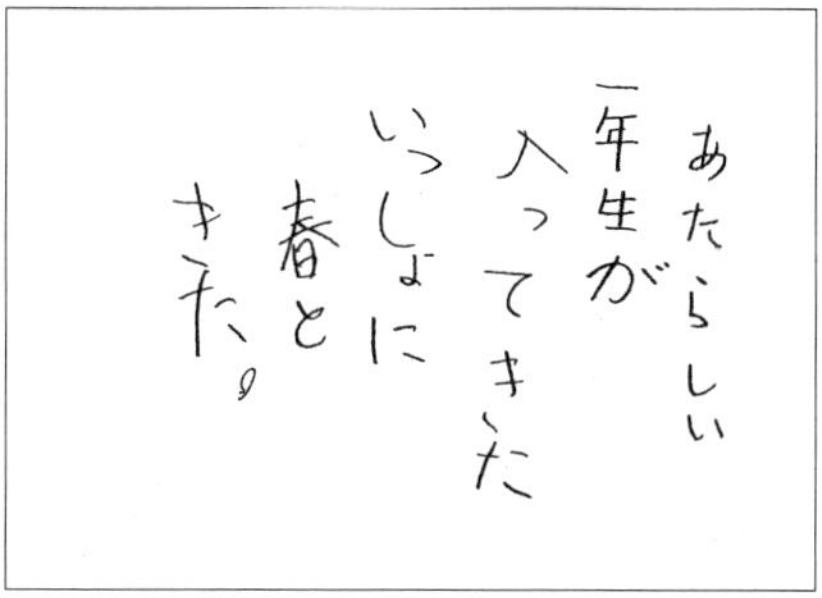

④その他の感想

ほかにも、いろいろな言葉が入ります。

○こうちょう先生へ　このえはどうですか　まえいたかめがかわいかったので　かいて　みました。なまえをきめました　のろちゃんです　かわいいでしょー（2年2くみ　かんな）

○なつ休みはたのしいな

○なつ休みはおもしろい

○なんどもくる

○こうちょう先生へ　ぼうるなげじょうずだね（いあん　かんなより　2—2くみ）

○れんげ草　夕日を背中に　ひとねむり　を書いた国本美優（くにもと　みゆ）です。えらんでくれてありがとうございます。

○きらくんがいなくなってさびしい（ひろし）

○ばんぺいゆのにおいをかいでみたよ。いいにおいがしたよ。（掲示の詩の横にバンペイユというミカンの種類の果物を置いていた。）

（3）四月の詩③「新学期」（有功東小学校）

二〇〇四年四月の詩として、次のような詩を書きました。

和歌山大学教育学部附属小学校副校長より有功東小学校校長として着任早々、校長室の前にわたしは、次のような詩を掲示しました。

新学期

武西良和

陽があたたかく降り注ぎ池は
静かにねむっている

草むらにまぎれこみ
枯れた草の間で春は
空を向いている
ねむっていた木々は真顔で
芽を出し始めた

多くの木々の芽のそばを
新入生
の子どもたちが通り過ぎていく
ランドセルの中は笑顔でいっぱいだ

この詩とともに、わたしは「有功東だより」に、次のようなあいさつも付け加えておきました。

朝のあいさつの澄んだ子どもたちのやわらかい声を聞いていると、新しい学年への勢いを強く感じます。平成十六年度は、子どもたちの元気な声とともに始まりました。本校職員は全力で子どもたちとともにがんばりたいと決意しています。本年もこれまでと変わらないご理解とご支援をお願いいたします。

子どもの感想

「有功東小だより」を読んだ五年生の和佐尚樹君が、「作文ノート」に次のような文章を書いていた、と担任の小林和歌先生が見せてくれました。

「校長先生の作った詩について」

今日、学校でもらった有功東だよりの校長先生の詩のなかで、少しわからないところがありました。それは、二連の

草むらにまぎれこみ
枯れた草の間で春は
空を向いている

というところの、「春は　空を向いている」の「春」というのはなんだろうかと、考えました。ぼくは、その春は、新しい草の芽でぐんぐん空に向かってのびていく草かと思いました。

お母さんに聞いてみると、この詩の中の春というのは、春になって動き出す、かえるとか鳥たちじゃないか、といっていました。

ぼくの好きな春は、もう空をとんでいます。それは、あげはちょうとか、もんしろちょうとかです。それに、おととしにうえたコナラのどんぐりは、冬は、葉っぱを落として、ただのぼうになってしまったけれど、今はかわいい新芽がでています。

遊びで野球をしていたら、ひばりもないていました。

わたしの詩について、これだけ考えてもらえれば幸せだと思いました。しかも、お母さんといっしょに考えているのはすばらしいとも思いますし、ほほえましくも思いました。

（4）四月の詩④「春」（有功東小学校）

二〇〇五年四月の詩として、次のような詩を書きました。

春

武西良和

さらさ
ゆうらゆら

青い空に
たくさんの新しい葉が緑の風
に揺れている
白い光

にはずんでいる
おおい　空よ
もっと風を送っておくれ
もっと光を送っておくれ

ぼくらは
風と光
にさそわれてのびていくんだ

二〇〇五年四月から、有功東小学校は一組、二組という名称を全学年「風」組、「光」組という名称に改めました。さわやかな風が吹き渡り、サンサンとあたたかな光が降り注ぐ学校をイメージしたものでした。それを意識して詩は書かれました。

子どもたちの感想

①端的に感想を書く子

〇この詩は、有功東小学校にぴったりだと思います。（4・光　麻央）

②詩を書く子

次のような詩も入っていました。

「かがやき」4・光　玲奈

雲がかがやいている。
太陽の近くで。
みんなのほおもかがやいている。
湖のほとりで。
あ、今、太陽が、山をはなれた。

2　五月の詩

（1）五月の詩①「友だち」（三田小学校）

二〇〇七年五月に、次のような詩を書きました。

友だち

武西良和

友だちと
別れた後で
ぼくはひとりで考えた
友だちが
自分のそばにいなくなったら
ぼくは
ぼくでいることができるか

おはよう
という元気のよい挨拶を
かけ合うことで
ぼくは
ぼくでいられるのだ

友だちの投げたボールを
しっかり
受け止めることで
ぼくは
ぼくでいられるのだ

友だちと一緒に歩くことで
ぼくは
ぼくでいられる

子どもたちの感想

①感動を勢いよく書く子

○「友達」という詩は友達の大切さがわかります。この詩はとってもいい詩ですね。こんな詩をかけるとは、とってもすごいですね。

○がんばって友だちをふやせば、仲よくまた新しい友だちをふやす。元気よいあいさつをしてくれたらうれしいね。ぼくはぼくでいられるのがうれしいよね。がんばって。おうえんしてるよ。

②次の詩を楽しみにする子

○「友だち」という詩は、友だちの大切さがよく分かると思います。この詩では、「ぼくはぼくでいられる」という言葉がよく出ていて、いい詩だと思います。校長先生は、詩や本が好きですね。私も好きです。校長先生は、校長でもあり、「国語の先生」とも思います。6月の詩も楽しみにしています。

○とってもいいしです。これからもこんなしをつくってください（4―1　山口りな）

○これからもこんな楽しくて、やさしい、おもしろい詩を作って下さい。これからも4649おねがいします。

（4―1　沼井　春香）

○友だちと別れてもいっしょにいてる感じがします。（弟が考えた）（ぬまい　りょうすけ）　6月の詩もたのしみです。（沼井春香）
○どうも、これからもつくってください（4年）
○これからもこんな楽しい詩　作ってください　にこやか（4―1　山口りな）
○これからもこんな詩を作ってください（4―1　南出ありさ）
○6月の詩がとても楽しみです（4―1　山口りな）。
○6月の詩をまたつくってください。（4―1　山口りな）
○これからもどうぞよろしくおねがいします。
○これからもよろしくおねがいします。（4―1　山口りな）
○つぎの詩が楽しみです。（4―1　南出ありさ）
○これからもこの学校で詩を作ってください。（4―1　山口りな）
○この話は、すごくよくていいと思いました。これからもこんな詩をかいて下さい。がんばって下さい。
（岸田侑真の妹）
○また詩のお勉強のとき　おしえてください。
○こうちょう先生は、いつもやさしいね。これからもよろしくおねがいします。（3年）
○こうちょう先生は、いつもしょくいんしつの前にはっているしが上手だね。これからもよろしくおねがいし

ます。（3年）

○いいしと思いました。また書いて下さい。

③端的に感想を書く子

山口りなさんは、何度も感想を書いて入れてくれています。次の中にも山口さんの多くの感想が入っています。

○友だちとわかれるのは　とても　さみしい。

○友だちと別れたあとで　ぼくは、一人で考えた　元気がでたのがいいと思った

○わかれても友だち　いっしょにいても友だち　ずっと友だち（4―1

○よかった。（4―1）

○この詩をよんで。かなしくなってとてもおもしろいです。（4―1）

○とてもよかったよ。（4―1　南出ありさ）

○友だちがいなくなったらさびしいよね。（4―1　ぬまい　春か）

○がんばって友だちをふやそう（4―1　山口りな）

○いいです！（4―1　山口まりな）

○自分でがんばったら一人でいることができるよ。元気のよいあいさつをしてくれたらいいよね。

○友だちが自分のそばからいなくなったら少しはさみしいけど、新しい友だちをふやせばいいよ。（5／7）

○いいです　とっても！（4―1　山口りな）

○友だちって　とってもいいなと思いました。（4―1　山口りな）

○こんなしははじめてみました。よろしくおねがいします。（4―1　山口りな）

○すごくいいしでした。私はこのしが好きですう。（ひびき　3―1）

○わたしは、この詩を読んで、いい詩だと思いました。（4―1　内田くるみ）

○いいと思った（4―1　南出ありさ）

○コレカラ（4―1　さき）

○コノ詩トッテモイイデスネ。コレカラモオネガイシマス。（4―1　ヤマグチリナ）

○このしは、いいと思います。（5／11　4―1　南出有紗）

○みんなで楽しく詩をよませてもらっています。（4―1　山口りな）

○とてもよかったです。

○友だちっていいですよね（4―1　山口りな）

○この詩をよんで　友だちがとっても大切だということがわかりました。

○この詩を読んでの感想　は、いい（4―1　はなみつ　ゆうき）

○あたちは、いいと思う（4―1　さき）

○いい詩だと思いました。ぼくでいられると言うことはいいことだと思います。（4―1）
○このしは、すごい。
○とってもスゲー。
○この詩をよんで友だちが大切とわかった。
○チョースゲーしでした
○このしはとてもいいしでした　私もずうっと友達と仲良くしたいです。
○マジスゲー
○ちょういい
○いい
○すばらしい
○わたしは、この詩をよんで友だちとわかれるのは、さびしいんだなあと思いました（南出有さ）
○すごく感動しました。（ｃｈｉｓａｔｏ）
○ＳＵＧＥーＩＩＳＩだねＯー
○友だちは大切と思いました。
○いいと思った。
○このおはなしは、れいのはなしですね。

○元気でる詩だね～。（勝浦まゆより）
○校長先生　いつもありがとう。
○いいしだと思いました。
○いいしと思います。
○とてもよかったです
○こうちょうせんせいへ　こうちょうせんせい、いつも「し」をよんでくれてありがとう。（3年1組より）
○友達は大事だな～と思った！「ぼくでいられる」と言うことばがひびいた。
○やっぱり友達は大切にして仲よくするのが一番！

④感謝を表す子

○いっつもいろいろなことにねっしんになっているこうちょう先生。いつでもいろいろなしをかいてくれてありがとうございます。（4―1　山口りな）

⑤自分を高めようとする子

○私はこの「し」をよんで、もっと友だちと仲良くしようと思いました。
○絵がもっと書きたいな。絵をもっとじょうずに書きたいな。わたしの、お父さんのお姉ちゃんみたいにじょうずに書きたいな。がんばろう！（3―2　宮田えり）

⑥疑問を書く子

○友だちと別れたあとひとりで考えたとゆうのがあるけど、なにを考えたのだろう。ぼくのままでいられるのはうれしい。とてもいいしでした。

⑦その他

次のような言葉が入っていることもあります。なかよし学級の子どもが別々のクラスで勉強しているからです。

○けんじくんといっしょのがっきゅうでべんきょうをしたかった（ひろし）

（2）五月の詩②「池」（三田小学校）

二〇〇六年五月は、つぎの詩でした。

池

武西良和

子どもたちが
のぞきこんでいる

空が映っている
雲が映っている

魚は水のなかを泳いでいたが
本当に泳ぎたかったのは
空の中であり
雲の上だった

いえ　それより池に
映っている
子どもたちの笑顔のなかに
楽しく話す声のなかに
泳ぎたかったのだ

子どもたちはいつしか魚の
泳ぎにくすぐられ
クスクスと笑っている

子どもたちの感想

①感謝の心を表す子

○すばらしい詩をありがとうございました。魚たちにはいろんなところにおよいでいってもらいたいと思いました。こんなすばらしい詩はいつ思いつくのですか?また教えてください！（6―2　堀尾　愛理）

○「池」のかんそう　詩がかわっていてうれしいです。笑顔とかのことばが入っていて、良かったです。詩をありがとう。

○こうちょうせんせいへ　すてきなしですね。すばらしいです。みているだけでたのしくなります。またかいてください。たのしみにしています。すてきなしをどうもありがとう。こんなにすてきなしはみんなにはかけないとおもいます。（じゅんなより）

○池と子どもたちの様子がよく見られました。いい詩をありがとうございました。

○こうちょうせんせいへ　すてきなしですね。すばらしいですね。みているだけでたのしくなります。またかいてください。たのしみにしています。すてきなしをどうもありがとう。こんなすてきなしはみんなにはかけないとおもいます。（ふうより）

○校長先生へ　すてきなしですね！すばらしいです。みているだけでたのしくなります。またかいてください。たのしみにしています。すてきなしをどうもありがとう。こんなすてきなしはみんなかけないとおもいます。（なつきより）

すばらしい詩をありがとう
ございました。
魚たちには　いろんな
ところに　およいで　いって
もらいたいと思いました。
6-2 堀尻愛理

[redacted] こんなすばらしい詩は
いつ思いつくのですか？
また教えてください!!

②疑問や質問を書く子

○校長先生はなぜいつも〝子どもたち〟という言葉をいれるんですか？4月の詩も5月の詩もすばらしいと思います。（6―2　吉田）
○このしはいいおとかなあと思いました。
○いえはどこー？こんな詩　どーやってかくの？けっこんしてる？

③書きぶりについて書く子

○池の表現ができているいい詩ですね。（出来須美砂）
○池のことばはないけれどひょうげんがでていていいと思います。（あいら）

④感動を表現する子

○私は5月たん生日なのでなんだか私のたん生日にぴったりと思いました。（6―2　塩崎）
○この詩ってきれいな〜。校長先生ってすごいな

○青い空　見ていたら　すごく　うつくしい
○きれいな感じ。
○こんな詩をはじめて見ました！とてもきれいです。これからも書いてください。（4年1組　齋藤　桃花）
○さわやかな感じ。風みたいにやさしい。
○やさしいかんじ。明るいかんじ。
○このしを読んでとてもいい気分でした。（4年3組　井川　瑞生）
○GOD　すばらしい　フォー　わたーくしたちはー、こんーな、すばらーしい詩はかけまーせん　フォー
○しを早く考えられてすごい
○詩を書けるなんてすごい。
○しんぶんみました。
○いい「詩」だと思いました。
○いい「し」ですね。また、5月30日にかえてくださいね。
○いい詩です。
○こうちょう先生へ　上手でした。私もこんな詩をかいてみたいです。とってもいい詩だと思います。
（つぐみ）
○いつよんでもいい詩だな～と思います。

○すごい詩だ。
○いい「し」だなあ～と思いました。
○上手。
○いい詩ですね。けっこう明るいと思いま～す。「しぜん」という感じがとてもしました。これからも、いい「し」を書いてください。４６４９（よろしく）おねがいしま～す。TA　NO　SHI　I　SHI　WO　NE　GA　I　SHI　MA　SU　6がつのし　TANOSHIMI
○いい詩だと思います。
○とってもいい詩だな～とおもいます。
○また、かいてください。よむのを楽しみにしています。
○とてもいい詩ですね。これから1年よろしくおねがいします。
○いい詩だなあ～と思いました。
○池とゆうしはいいですね！すごいと思った。
○きれいなしだなあ。

⑤自分を高めようとする子

○きれいな詩だと思いました。わたしもつくりたいと思いました。
○校長先生は、詩を書くのがとっても上手ですね。詩の書き方のこつを、また教えてくださいね。
（五年一組　南出&山本より）
○いいしだとおもいました。わたしいっぱいかきました。早くしをしてください。この詩はきれいです。
○あかるくて、すずしい「し」だと思います。空や池や、みずみずしいですね。これからも、楽しい「し」をつくってください。いつも、この「し」をみたら、明るくなる感じがします（裏にこの詩を絵にしています）。

⑥表現に着目する子

○詩はすごくいい詩だと思います。「映っている子どもたちの笑顔のなかに」というところが一番いいです。
○とくちょうがでていて　わかりやすいしでした。
○よくおさかなの気もちをあらわしてる。すごーい！
○魚はどんなきもちでおよいでいるのかな。
○きもちのこもったしでした〜。

⑦次の詩を楽しみにする子

○ようすがよくわかりました。次の詩がとっても楽しみです。
○きれいな詩だ～。これからもがんばって詩をかいてください。（まゆより）
○校長先生の詩はとてもすごいと思いました。６月はどんな詩ができるかな？
○また、読まさしてもらいました。すごくいい詩だと思います。また、すばらしい詩を書いてください。
（岩橋れいな）
○これからもたくさんかいてね。
○このしは、はじめて見ました。つぎのしをはやく見たいです。まってます。
○この「し」はとてもいいですね！はやくつぎの「し」を見たいです。「まってるね」

⑧次のような言葉が入っていることもあります

○校長先生へ　このえのぐはぜったいにさわらないでね　てにつくよ。ここにおいとくよ。はこにいれないでね！（大谷かんな）
○58人もの人がかいていてびっくりでした。100人たっせいなるか！

（3）五月の詩③「虹」（有功東小学校）

二〇〇五年五月は、次のような詩でした。

虹

武西良和

雨上がりの
東の空に
くっきりと架かった
扇の形は
どことどことをつなぎたかったのか

雲の上に
力強く打ち上げた虹はまだ
消え去らぬ霧の中に
足の置き場を探している

雨がやんで
光が届くわずかの間に
虹は橋を架けるので
仕事は素早い

虹は正確に
丸く
橋を架ける腕をもっている

（4）五月の詩④「畑」（有功東小学校）
二〇〇四年五月は、次のような詩でした。

畑

武西良和

土は内気なものだから
何一つ文句も言わないで
じっとしている

だから
ときどき掘り返して
元気づけてやらないと
じっとしたままだ

鍬をうち下ろして掘り返しても
土ははずかしそうに
うつむいているだけだ

掘り返された
土塊は

裏返されてびっくりし
別の土塊は砕かれてしまい
また別のは
くっついたまま
寡黙だ

掘り返されるとき
犬の鳴き声におののき
花のにおいにうっとりして
うたたねしている

春はそんな土たちに
育てられている

子どもたちの感想

①感動を素直に書く子

○この詩は聞いていると、なんか土の気持ちが分かりそうな気がしました。（5の2）
○よくできてます。すごくすてきです。（3の2　Y・H）
○このしはとてもかんたんなことなんだけど、しにあらわすとなるほどと思うしがあった。よかったです。
（5年2組　彩歌）

②強い意志を持っている子

○せかい一すてきな学校にしたいです。そのためにはただしくすてきな心をもたなだめです。（はっとり）
○春は土に育てられているんじゃないと思う。土もだけれど。虫や花やもちろん土、いろんなしょくぶつや生き物の協力で育てられていると思います。
○土は内気ではない。ときどき地震というかたちで大きく暴れる。

③疑問を書く子

○校長先生は土の気持ちがわかるのお？

④卒業生が書く

○春は、がまん強い（？）土からつくられていることをはじめて知った。土はそこまでがまんしないで、私たちともっとおしゃべりしながら、春をつくれるよう、すこしづつでいいから積極的（？）になっても、たまにはいいと思う。（中1より）

中学校へと進学していった子どもたちが、校長室前の詩を読んで感想を書いてくれるのがうれしい。

⑤保護者が書く

○土だってわからないけど、やさいや花とおはなししてると思うよ。

（保護者Dさん）

Ⅱ　夏の詩

1　六月の詩

(1) 六月の詩① 「雨」(三田小学校)

二〇〇六年六月には、次のような詩を掲示しました。

雨

武西良和

ぴーっ
ぽっとん
糸を引いたように葉の先から
しずくが水面に落ちる

水たまり

に落ちるまでに
まあるくなりながら
しずくは考えた
素早く考えた
透明に考えた
まわりのことを忘れるほど考えた

そういえば地球はまるく
ボールもまるい
月もまるく
たまごもまるい

丸くなることは
いいことなのかもしれないと思ったら
いつのまにか水面で

はねていた

子どもたちの感想

①意識を変えようとする子

○校長先生へ　4月、5月の詩の感想文も書きました。6月の詩も、とっても心がこもっていて気持ちがいいです！本当にすてきな詩ですね☆雨が前よりも好きになりました。いやな気持ちの時も「雨」という詩を読んだら、いい気持ちになりますね。校長先生のこの詩、とっても気に入っています！

○私は、雨がきらいだったけど、この詩を読んで、雨はちょっとすきになりました。でも、不しぎです。どうしてあめがふるのかが　次もたのしみにしているので　がんばってください。（6―2　ごんで　ふみか　権出　郁果）

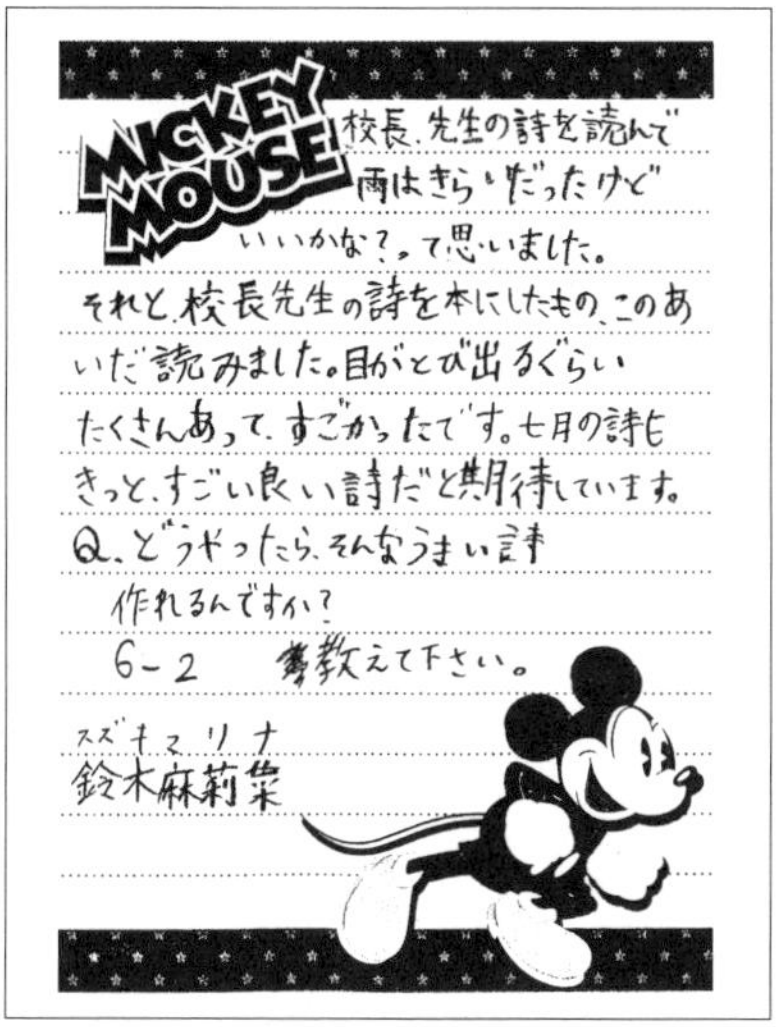
校長先生の詩を読んで
雨はきらいだったけど
いいかな？って思いました。
それと、校長先生の詩を本にしたもの、このあいだ読みました。目がとび出るぐらいたくさんあって、すごかったです。七月の詩もきっと、すごい良い詩だと期待しています。
Q、どうやったら、そんなうまい詩作れるんですか？
6-2　教えて下さい。
鈴木麻莉菜《スズキマリナ》

○　校長先生の詩を読んで雨はきらいだったけどいいかな？って思いました。それと、校長先生の詩を本にしたもの、このあいだ読みました。目がとび出るぐらいたくさんあってすごかったです。
七月の詩もきっと、すごい良い詩だと期待しています。
Qどうやったら、そんなうまい詩作れるんですか?
教えてください。(6―2　鈴木麻莉菜)

意識を変えようとする子どもというのは、詩を味わう子どもでもあります。

②今の意識に疑問をもつ子

○先生の詩は季節ごとに変わっていくというのが良いと思います。まるくなるのはいいことなのかなとわたしも思います。来月もよろしくお願いします。(えり)
○雨の詩をよんで見て　雨のことがよくわかりました。この詩はどんなぐらいかかりましたか。考えるのに。こんど詩の書き方をおしえてください(5年2組　ゆか&つぐみより)
○わたしも、水たまりを　見ていたら、すごくふしぎなきもちになります。(5―1　岩橋　怜奈)

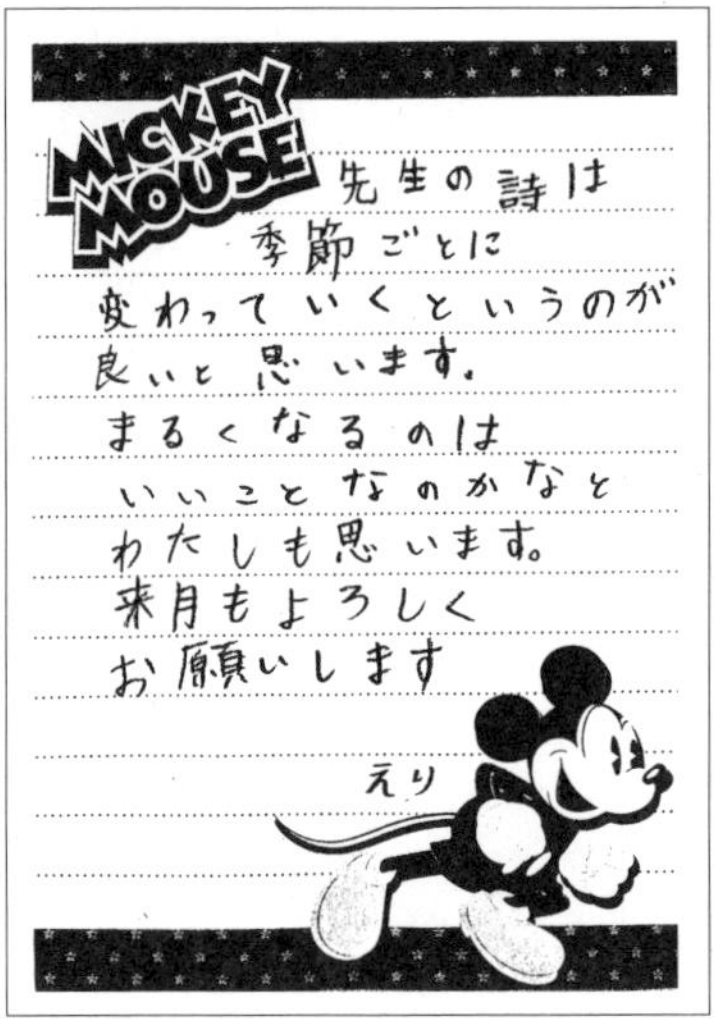

今の意識に疑問を持つ子どもは、今の自分が変わっていく予感のある子でしょう。

③形に着目する子

○6月のしはまだかたのしみにしていました。よんだら、雨もいいもんだなあと思いました。まるいものはいっぱいあるんだなあと思いました。（まや）
○しずくはまるくなることをよく考えてすごくいい詩だと思いました。（4―2　7番　岡本望玖）
○まるいのはたいせつなのかなあ。
○月は丸いんですね。
○まあるいことはいいことだなあと思いました。また、7月の詩をもっといい詩にしてくださいね。
（4年3組　No.11　坂田　由梨）
○まるいというところが（以下なし）
○今のじきこそこの詩にあっています。理科でならったけど、雨のしずくは……こんなかたち　まんじゅうかた！　しずく？せいかいは、まんじゅうかた！です！

④思考する子

○水がものごとを考えるのはおもしろい表げん（?）ですが、おちるまでの短ーい時間の中で考えるのはむずかしいです。

○かなしい?くらい?ふうけいがうかぶ?なんといったらいいのか　わからないけれどいい詩だとおもう。

⑤詩を書く子

○ぽたん　ぽたん　水が落ちる　ぽたん　ぽたん　しずく　ダンス　クル　クル　バン

○詩・じょうずですネ　また7月もたのしみにまってるヨー　私も詩をかいているけど……むずかしいな♪

（ともみヨリ）

○　『大空を』

大空を
たかくたかくとぶ鳥
きもちよさそうな君
とてもすてき

とんでみたいな
わたしも（4―2　井谷　綾子）
○きれいな雨がい↓っぱい　ふりそう（4年より）
○雨のきれい！って発見しました。花にあめのしずくがついて　きれーい　しかも　にじが出るとラッキー
○ボール
月たまご
ぜん部丸い　ぴーっ
ぽっとん
とうめいに考えた。
この詩はおもしろい。（三年二組　ぬまい春か）

⑥音に着目する子

○雨の音のピーッがすごくいいなあって思った。なんでそんないいしが出きるんですか？おしえてください。
（2ねんせい）
○音のところがいいと思いました。

○校長先生へ　ぴゅーぽっとん
○ぴーぽっとんがいいとおもう

⑦端的に感想を書く子

○校長先生、すごいですね！よくこんな詩を思い出しましたね。よろしくです。
○校長先生、6月の詩は「雨」と言う詩ですね。いいと思います。4月、5月もとってもいい詩でいいですね。
○五月の詩は、88人もかんそうをかいてくれていたのでびっくりした。どんどんふえていくといいです。毎月こんなすごい詩を考えれてすごい！
○すごくいいしでした。7月もこんないいしをかいてください。
○また、たのしみにしています。
○いつよんでもいい詩ですね。
○この6月のしはとてもすてきですね！こんなしもはじめてです！
○このしはとてもじょうずですね！いつもよんでいますが、いい詩だなあと思いました
○また、かいてください
○いろんなことばであらわしている事がすゴイ（4—1）

○いい詩だと思いました。
○6月のしもすてきですね！がんばっているのですね！
○いいどすなー。またよろしくね
○雨のことについてのしで、すごくいいしですね。（4―3　田中　唯香）
○さようなら　友だち
○すっごい素敵な詩ですね。
○しずくが水面におちるとかいてあるから　この詩はすごくすてきです。
○このしはすごい。
○いい詩だった！
○校長先生へ　こんな「し」はじめてみました！　ほんとうに雨がふってきそうです！
○いいしです。
○雨の詩を読んで　私は、校長先生はすごいなあと思いました！校長先生はすごい
○校長先生へ　いつも上手なし　ありがとう。これからも上手なし　かいてね。
○雨の様子がよく分かる詩でしたね。
○これからも　いろんなし　かいて
○とてもよい詩ですね

○雨の詩はとてもいいことがかいていいと思いました。
○校長先生へ。校長先生の詩はぜんぶ上手ですね。わたしも詩を上手になりたいです。
○いい　しだったです。
○5月が88人ってことは～　いいしってこと～
○おもしろい
○よかったです
○こんな詩はとても大すきです!図書の本で詩をよくみるけど
○詩はいいってことがわかりました。
○たのしいし
○やさしいし
○おもしろい!
○私は、このしが、すき
○いいし
○これからも、いいしかいて
○よかったです。
○いい詩だなあ～　わたしも上手になりたいなー

○いいしだな
○すごくよい詩でした。（三年一組　山口　公佳）
○いいしだと思う
○やさしいね
○いいしですね
○また　かいて　ください
○♪～いいし～　だ～よう♪
○とても詩がとってもおもしろかった　7月のしもみたい。（三年二組　沼井　春香）
○いいしだね
○こうちょうせんせい　ありがとう。
○雨がはなしているように思えました。（できす　みさ）
○忘れるほどいい考えみたい
○いいしですね。
○いいどすなあ。

⑧詩の感じを書く子

○五月の詩はとてもおもしろかったけど、6月の詩はすずしいような気持ちになれました。(女子)
○この詩は、すごいきれいです。
○この詩　はきれいな詩ですね　まるでくどうなおこさん見たいなやつだね（まゆ）
○やさしいしだね

⑨詩を読んで楽しむ子

○校長先生のしをよむのが楽しみです。すっごく上手です（名無しさん）
○いいしです。まだまだはやいですが、7月のしがたのしみです。よろしくね。たのしみにしていますよ　よろしく。はやくなながつになれ（すみ～より）
○校長先生は、しずくの気持ちがわかっているように思えました。しずくが水面へ落ちるまでのことをよくかけたなあと思いました。(5年1組　南　志保)
○いまのじきに合っていてよかったです。雨はいろいろあって、いろんなことを詩にするっていいなって思いました。次のも楽しみにしています。

⑩詩の良さを指摘する子

○あめのしずくのようなあらわしかたで、すてきだと思います。（4年3組　大平扶美香）
○雨も、生きていると思いました。水面に、おちるまで、よーくかんがえるのがよかったでーす！「地球はまるい」このことばが一番よかったです。この詩は一番よかったです。（4年3組　東山　歩み）
○こうちょう先生は、とっても詩が上手ですごくいいです。しずくがおちるのが何秒かの間なのにこんなにたくさんかけるなんて本当にすごいと思います。7月も楽しみにまってます。
○校長先生の6月の詩は先生がしずくになった気持ちで書かれている所が　私はとても好きです。しずくの気持ちがとても伝わって来ました。（5年生　嶋田　菜月）
○まるくなる事はいいことかもしれない　という所がすてきです。（彩花　あやか）
○すばやく考えたとあったけど、すばやくがものすごいと思ったけど、とうめいに考えたもすごいと思いました。（3年1組　山口　公佳）

⑪その他

○校長先生の出している本を読みました。

その中で「あやとり」が、すごくいい詩でした。
そのほかにも、いい詩が、いっぱいありました。

○校長先生にあいさつができてうれしい。
○6月23日（金）1週間のおわり　あめがふりそうでーす。（ふってまーす）
○校長先生が毎日朝きてくれてうれしい！
○校長先生がおもしろい？
○校ちょうせんせいは、やさしいね。
○ちきゅう
○校長先生はやさしい
○校長先生のへやに入れてうれしい
○校長先生が　雨の日でも、学校に行くとき　きてくれてうれしい
○校長先生は、いつも、やさしくて、おもしろい！
○校長先生は、いつも、やさしいね。
○こうちょうせんせい　いつもあそんでくれてありがとう
○こうちょうせんせい　ありがとう。
○こうちょうせんせい　わやさしいね

○校長先生は、やさしい　～がんばれ！～
○こうちょう先生は　やさしい！
○校長先生は、いつもやさしくておもしろい！
○校ちょう先生はやさしいね。（2―1）
○こうちょうせんせいわ　いつもやさしいね！こうちょうせんせいわ　いつもあそんでくれてありがとう！ゆりあより
○こうちょうせんせい、いつもやさしいね。こうちょうせんせい、いつも　げんきだね。こうちょうせんせい、いつもみんなをまもってくれて　ありがとう。（ちな　より）
○こうちょうせんせいわ　やさしいわ。いつもあそんでくれてありがとう。
○校長先生は雨のとき（まほ　より）
○こうちょうせんせいへ　こうちょうせんせいはやさしいね。（みか　より）
○ひげが長いね　元気
○こうちょうせんせい、いつもありがとう！（ちな　より）
○こうちょうせんせい　いつもあそんでくれてありがとう！（ゆりあ　より）
○こうちょう先生は　いつもやさしいね！
○こう長せんせい　かっこいいね

○こうちょうせんせい　いつもあそんでくれてありがとう！
○こうちょうせんせい。いつもやさしくしてくれてありがとう！（ちな　より）
○こうちょうせんせい　ありがとう！
○こうちょうせんせい、いつもやさしいね。
○こうちょうせんせい。いつもやさしくしてくれて　ありがとう。（ゆりあ　より）
○こうちょう先生へ　いつもやさしいね！（奈ほ　より！）
○こうちょうせんせい、ありがとう！
○こうちょうせんせい、いつもやさしくしてくれてほんとうにありがとう。
○こうちょうせんせい、いつもありがとう。
○やっぱり、いい詩だと思いました。こんな詩を書く校長先生ははじめてなので　チョットイイかな?とおもいました。→　わたしは、友だちのいえで　校長先生の本らしきものを　見つけました。よむとおもしろかったです。もっといろんなしを　みたいです。
○雨のしずくがまるくなって　わすれるほどになっていたことが分かった
○一年生が楽しめるようにかいたほうがいいと思いました。アドバイス!写真を入れてほしいです。
○この「詩」なら、1年生や2年生も、まあ×2　いみがわかるから、いいかも!?
○あめのおとが　すごい!すいめんにおちるのは　きれいでいいと思った　この詩なら　1年～6年まで　た

のしめると思う。

（2）六月の詩②「雨」（三田小学校）

二〇〇七年六月には、次のような詩を書きました。

雨

武西良和

空の雲から
銀色の
雨が降り出した
柿の葉に
ポツリポッツリ
パラパラパラパラ
田んぼの稲に

シーシュ　シーシュ
シーシッシュー
トマトの小さな青い実に
ポトットット

子どもたちの傘には
ポッポ　ポロリン
ポン　ポロリン

雨が大地に着くまでに
途中で
いろんな音の
出し方を
練習していたんだね

子どもたちの感想

①雨について考える子

○雨は、ふるとこまるけど、ふらなくても、こまる。雨だってすてきなものなんですね。（橋口　彩花）

②詩の雨の様子を想像する子

○トマトの青い実がとってもおもしろいです。これからもおもしろいのを４６４９！
○詩を読みました。六月はつゆの時きです。雨のようすがつたわってきます。すごいいい詩です。これからもこんな詩をつくってください。（４―１　松本由希菜）

③雨の詩から連想していく子

○暑いです。日焼けしそうで毎日きにしています。日焼け止めクリームと日がさ買わなくちゃ。クーラーもほしいな（笑い）かき氷がおいしく感じてきました。プールや海も楽しみ。今年は海でバーベキュウが夢です。

③聞くことに着目する子

○いい詩ですね　いつきいてもあきません（大住かいせい）６／６　きのうのかんそうですが。

○いい詩ですね。何回聞いてもあきません。（６―６　小川とうや）きのうの感想です。

④音に着目する子

○音がおもしろい。（４―１　中井仁）

○六月っぽい詩です　雨や雨の音　田んぼのいねの音かさのおと　つゆのきせつがすごく出ています。またこんな時を作って下さい（４―１　木野　汐理）

○音がきれいで　つゆがちかづいてきたのがわかる。

（４―２　永山実咲）

○雨の音が　かわっていて　すごくいい音がつたわっていました。（６／７　小川とうや）

○すごくいいしです。音の音色がよさそうです。（６／１３　小川とうや）

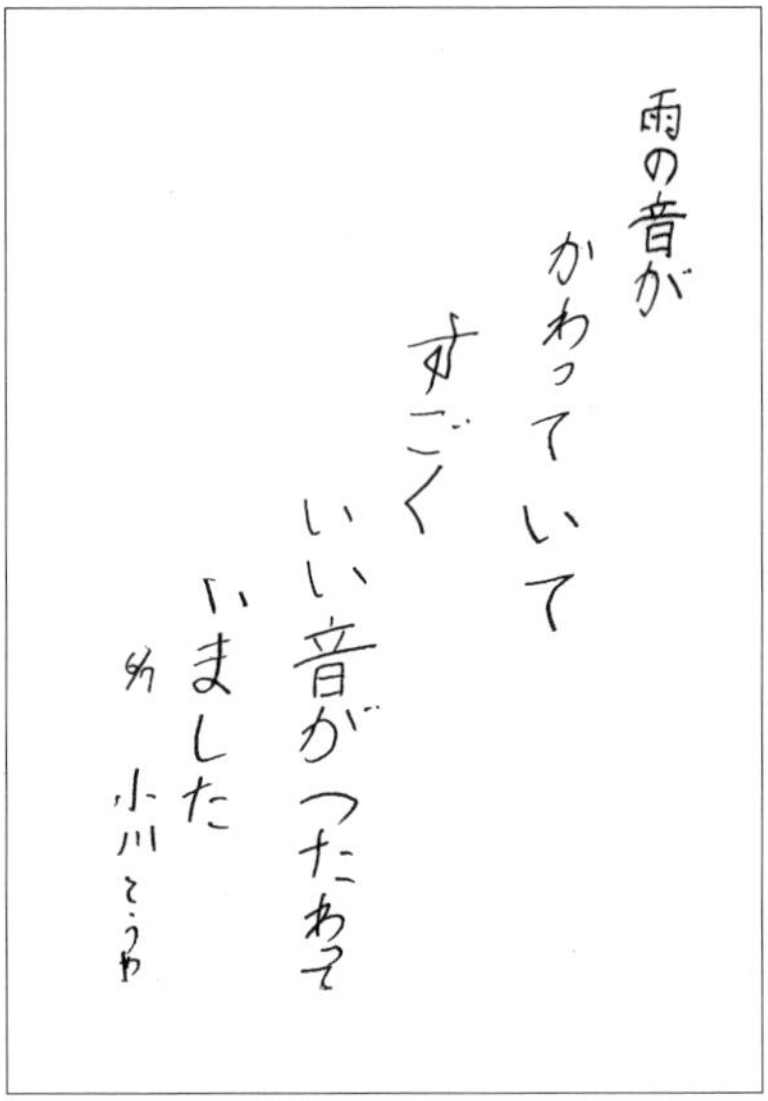
雨の音が
かわっていて
すごく
いい音がつたわって
いました
小川とうや

⑤オノマトペに着目する子

音に着目する子とよく似ていますが、着目の仕方が違うように思われるので、区別してみました。

○6月の詩は雨の詩でいいですね。いろいろな音　ポツリと言うところがいいですね。（4—1　小松花菜）

○ポツリポッツリとかあらわしているところがおもしろかったです。

○ポロリンって音、かわいいし、きれいだね。（永山）

○なんで銀色の雨がふりだしたって。シーシュシーシュっていい音だね。（4—1　大庭ゆり）

○パラパラシュー

○シーシュシーシュ　パラパラ　ポトットット

○雨の音をシーシュ　ポトットットなどたとえていいと思います。

○柿の葉にポツリポツリパラパラってた所がよかったです。（4—1　山口まな）

⑥疑問を生み出す子

○練習していたんだねの所にいろんな出しかたをれんしゅうして上手にだせた？（4—1　大庭ゆり）

○かんそう　シーシュって何ですか？でも、いい詩だと思います。（Mizuki）

○田んぼの稲にシーシュシーシュってどうゆうのかな。こうちょう先生が作る詩って上手だとおもいました。

⑦良さを指摘する子

○雨の大地にってゆう所がいいとおもいます（6／5　大住かいせい）前のかんそうですが

○銀色の雨がかきの葉におちるところはすてきでしょうね。

6月7日　かし本さき

○6／7　自然にかいている所がおもしろいです

（大住かいせい）

○前の感想です　6／5　小川とうや　「雨が大地につくまでに、とちゅうでいろんな音の出し方を練習していたんだね。」というところがよかったです。

○～六月の詩の感想～「雨」がテーマの六月の詩は、工夫が一つあります。それは、雨の音です。「ポツリポッツリ」とか、「パラパラ」などです。

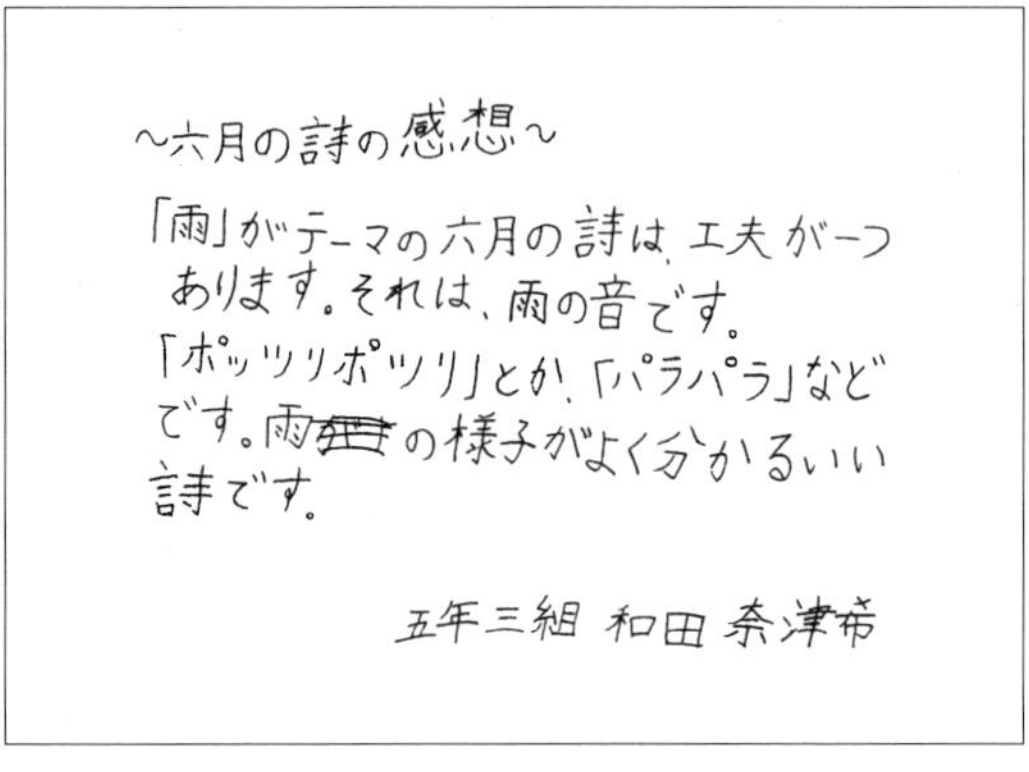
～六月の詩の感想～
「雨」がテーマの六月の詩は、工夫が一つ
あります。それは、雨の音です。
「ポッツリポツリ」とか、「パラパラ」など
です。雨の様子がよく分かるいい
詩です。

五年三組 和田 奈津希

雨の様子がよく分かるいい詩です。（五年三組　和田奈津季）

⑧端的に感想を書く子

○とてもおもしろいなと、思いました！（5―1　江川かえで）6／7（木）
○いいしですね　私きにいりました　またかいて下さい（4―1）
○雨のことがよくわかる詩です（大住かいせい）
○とても　おもしろいなと　思いました！（5―1　井谷　綾子）6月7日（木）
○こんなしをこれからも作ってください（4―1　山口りな）
○すごいです。（井上未悠）
○おもしろいでした。（お上ともき）
○いい詩だと思いました。また詩とかおしえてください。
○毎月、一年生でも楽しく読めるような詩をありがとうございます。（6年2組）
○私、すごいと思いましたー。
○すごい
○私の中では、一番よかったと思います。詩や俳句の作り方を、ぜひおしえてください。

○たのしいね
○感どうした！
○毎月毎月たのしくよましてもらっています。（花光ゆうき）
○私は、このしがとっても気にいりました。（4―1
○たのしい詩
○雨っておもしろいと思います。（4―1　山口りな）
○世界に一つの詩だと思った！
○何度もよみたくなります。
○あめのことが　いろいろなことが書いていていいと思う。（4の2　しま田和真）
○何どもいうが、あきません　とっても様子のわかる詩です。（6／8　大住かいせい）
○とっても気に入りました。（4―1　山口　りな）
○サイコーな詩
○とってもいい詩でした。
○とても上手です。
○とてもいい詩でした。
○またかいてください。

○いつもつくれてすごいとおもう！（中いじん）
○いつもつくれてすごいとおもう
○いい詩ですね。わたしもこんな詩がかきたいです。
○全体的にみて　きれいな詩だと思いました。いい発そう。
○今の時期にぴったりだと思いました。

⑧詩を書こうとする子

○いい詩ですね。私もいい詩を書いています。完成したら見せに行きます。（5—3　森　未佑紀）

⑨その他

○なわとびをした。362回とべたよ。
○こうちょう先生は、もちろんし人ですね。
○校長先生は、詩がお上手ですね。それでお得意ですね。（勝浦まいより）
○こうちょうせんせいへ　これからも、なかよくしてね。（3—2）

○この詩は、校長先生らしいふんいきがでているので、いいと思いました。
（5年3組　岸田　千聖　きしだ　ちさと）
○こうちょうせんせいへ　わたしのあげはちょうのよう虫が2れいようちゅうから3れいよう虫にだっぴしました！
○こうちょう先生へ　（絵）（あいりより）
○まい日みてます。
○かんそう（イヤ）
○こうちょう先生　（3―2　あやか）

（3）六月の詩③「霧」（有功東小学校）

二〇〇四年六月は、次のような詩でした。

霧

武西良和

上がるのをためらっている

山々の中ほどに
たれこめた雲を露にして
置き去りにするのがかわいそうで
青い山々があまりにもさびしそうに
谷川をのぞいた
気がして

山々の木々が
ちょっと待ってと引き留めた
気がして

霧のはしっこが
木々の梢に引っかかり
上がれば枝を折る
気がして

子どもたちの感想

この詩を読んだ子が、次のような感想を書いてくれました。

①詩を書く子

○　あやの

ありがとう
いいきもち
いいきもち
ありがとうと
いえば　うれしい
ありがとう
ありがとう
きもちいいね
ありがとう
ありがとう

○校長せんせいへ　３年２組　ゆずきより　しをつくったよ
なんでも、ねばりにねばってがんばる。
そうすれば、できる。
それが人生。

②感動する子

○毎月、ちがう「し」をかんがえているのが、すごいと思った。
○反ぷく法やぎじん（擬人）法を使っていてすごいと思いました。
○やさしいきりの気持ちがよくつたわってきます。

③その他

○毎月、ちがう「し」をかんがえているのがすごいと思った。
○こんにちは、げん気ですか？わたしたち（かほ・ちよみ・なつこ・はるか）はげんきです。

ほかにも多くの子どもたちが感想を書いたり、詩を作ったりして入れてくれていました。

（4）六月の詩④「川」（有功東小学校）

二〇〇五年六月は、次のような詩でした。

川

武西良和

谷川に
魚が泳いでいる
速く
泳げば水に
溶け込みそうに思えて
すすすーっ
と泳いだり
すいっすいっすいっ

と泳いだり
いろいろな泳ぎを試している

一匹のカワムツが
水面から飛び上がった
春が
夏に向かっていた
ウグイスの声が耳元を
かすめた
遠足の子ども達がそのそばを
通っていく

子どもたちの感想

①感想を書く子

○ぼくはザリガニがすきで、ぼくはいろいろな虫がすきです。

②疑問を書く子

○私は魚が大好きです。すいすい泳いで、きもちよさそうにおよいでる。校長先生は魚が好きですか?

（3―光　さやか）

2　七月の詩

(1)　七月の詩①「夏」(三田小学校)

二〇〇七年七月は、次の詩でした。

夏

武西良和

しぶきがおどるよ
シュパシュパ　パッパ
細波が走るよ
チャプチャプ　スッス
スッススーッ

そおっと

雲が動いて
にこっと
太陽がわらい始める

青く
プールが笑っている
子どもたちは水のなかで
しぶきをかけ合って
夏色
に染まり始める

夏は
あちこちで
はしゃぎ回っている

子どもたちの感想

①オノマトペに着目する子

○「シュパシュパ　パッパ」「チャプチャプ　スッス　スッススーッ」のところがおもしろいと思います。（花光　佑季）

○「シュパシュパ　パッパ」などの音をあわしているところが、おもしろいなと思いました。（4―1　内田くるみ）

○「チャプチャプ　スッス」という所がいいです。すごい。

③技巧に着目する子

○ぎ人法をつかっている所がいいと思いました。
○人じゃないのに笑ったりとかを書いて楽しそうに思った。
○詩に、ひゆがつかわれていていいと思った。
○詩に「擬声語」を入れたところが良いと思いました。（久保加奈）

④その他

○こうちょうせんせいへ　プールのときにがんばれとはげましてくれて、ありがとうございます。（友梨亜）
○毎日毎日、内田さんといっしょに楽しく書いています。（4―1　花光佑季）
○好きです　こうちょう先生　つきあってください。
○こうちょうせんせいがすきです。
○もう夏ですね。すごくあついですね。
○こうちょうせんせいのかお。
○プールがなかった。
○こうちょうせんせいがすきです。
○こうちょうせんせいへ。こうちょうせんせいのかお。
○こんこん　きつね。

⑤ここが良いと指摘する子

○太陽が笑いはじめるってゆう所で　夏らしいってゆうか?・まあーわからんけど、いいと思いました。

○「プールが笑う」とかがいいですね。げんじつじゃないところがすごいです。私もこんなすばらしいしをかきたいですよ。

⑥詩を書く子

○人ってうごく
なぜだろう
すげーなすげーな
なぜだろう
かいてるぼくもうごいてる。
なぜだろう
人ってすごいな！
すごいな
どうぶつもうごいてる
こうしているいまも
うごいてる

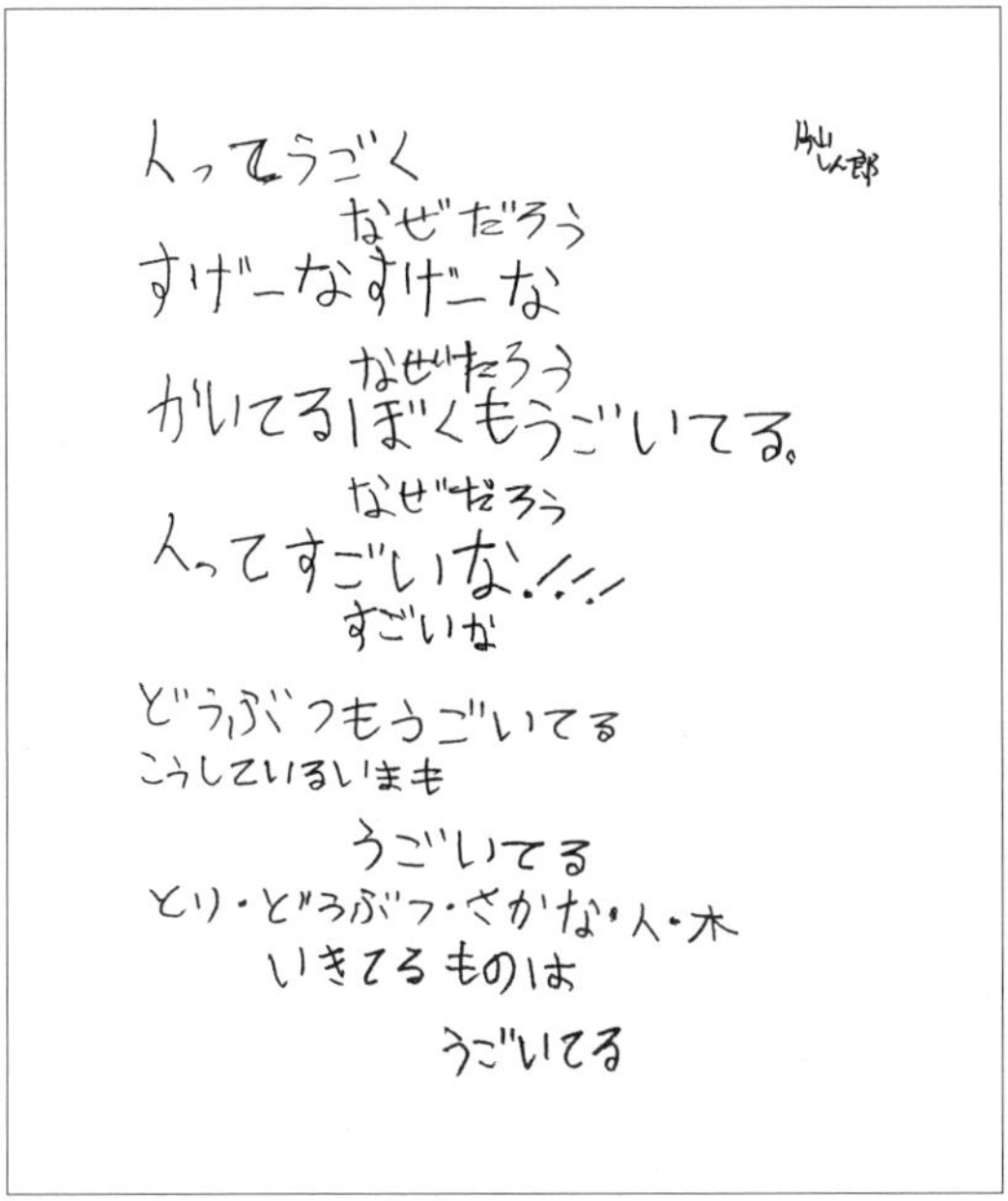

こうしているいまも
うごいてる
とり・どうぶつ・さかな・人・木
いきてるものは
うごいてる（片山しん一郎）

⑦端的に書く子

○上手ですね。（四年二組）
○楽しいふんいきが出ていて、いい詩だと思った。（岸田ゆうまの妹より）
○わたしは、いいしだと思いました。（くるみ　4―1）
○夏らしくて、とてもいいと思いました。
○すごいですね。私もこんな上手なしをかきたいです。
○すごいですね。
○いいし。
○大好き。

○すごいね。
○私もこんなすてきな詩をかきたいニャー。
○たのしもう詩を。インジョイ。
○こじんこんだんに、おかあさんにいいたいです。
○かわいいしですね。
○いい詩ですね。
○すてきなしです。上手です。すごいです。（5―3　古川ゆめ）

⑧疑問を書く子

○わたしもこんなすばらしい詩をかきたいです。こうちょう先生は、なぜこんなすてきな詩をかけるのですか。おしえてください。
○《質問コーナー》毎月かいていて、つかれませんか？
《質問コーナー》ペンまわしできる？
《質問コーナー》「ヤギ」は、本当に来るのですか？（久保加奈）

⑨詩に憧れを持つ子

○わたしも　こんなしを　かきたいです。詩は大切ですね。
○わたしも、こんな詩を書いて、みて、みんなに、すごいと、言ってもらいたいです。わたしも、こうちょう先生のようになりたいです。（5―3　古田　光）

（2）七月の詩②「プール」（三田小学校）

二〇〇六年七月は、次の詩でした。

プール　武西良和

腕が
水からすうーっとぬけて
くの字にまがり前に

まっすぐ
ふり上げられる
指は水をつかもうとし
手のひらが水を
とらえる
水はにげる
プニュルルルッ

子どもらの歓声が
夏をよぶ
よばれた夏は
雲
の間からにっこりと顔を出し
青く

白く
ほほえむ
プールは夏でいっぱいだ

子どもたちの感想

①想像して詩を味わう子

○プールの様子がわかりやすいっていうか　自分が入っているみたいでした。
○プールの様子がすごくつたわってきました。
○七月の詩もすごかったです。様子がよく分かり、楽しい詩でした。またかいてください。
○水の動きが　よく読みとれました。（6―2　……）
○きいているととてもすずしくなりました。プールでたのしくあそんでいるこどもをそうぞうして、太陽がいきているようにかいていたところがよかったと思います！

○プールで元気にいっぱいおよいでいるようにおもいました。夏らしい詩だとおもいます。（4年3組　大平扶美香）

○水泳のことについてのしで、いいしですね。クロールを、やってるみたい。（4―3　田中　唯香）

○およいでるようすがよくわかって、すっごくきれいなかんじで、すごかったです。

②実生活と関連させる子

○今はプールの時期なので、この詩はぴったりだなと思いました。今日はプールがあるのでがんばります。（6―2堀尾）

○プール　はやくはいりたいな！（2―2）

○こうちょう先生は、すごく、かっこいいね。わたしプールだいすきなんだー。（まつい　のりみ）

○私はプールが大好きです。校長先生が私のすきなプールの事を詩にしてくれるなんて、とっても

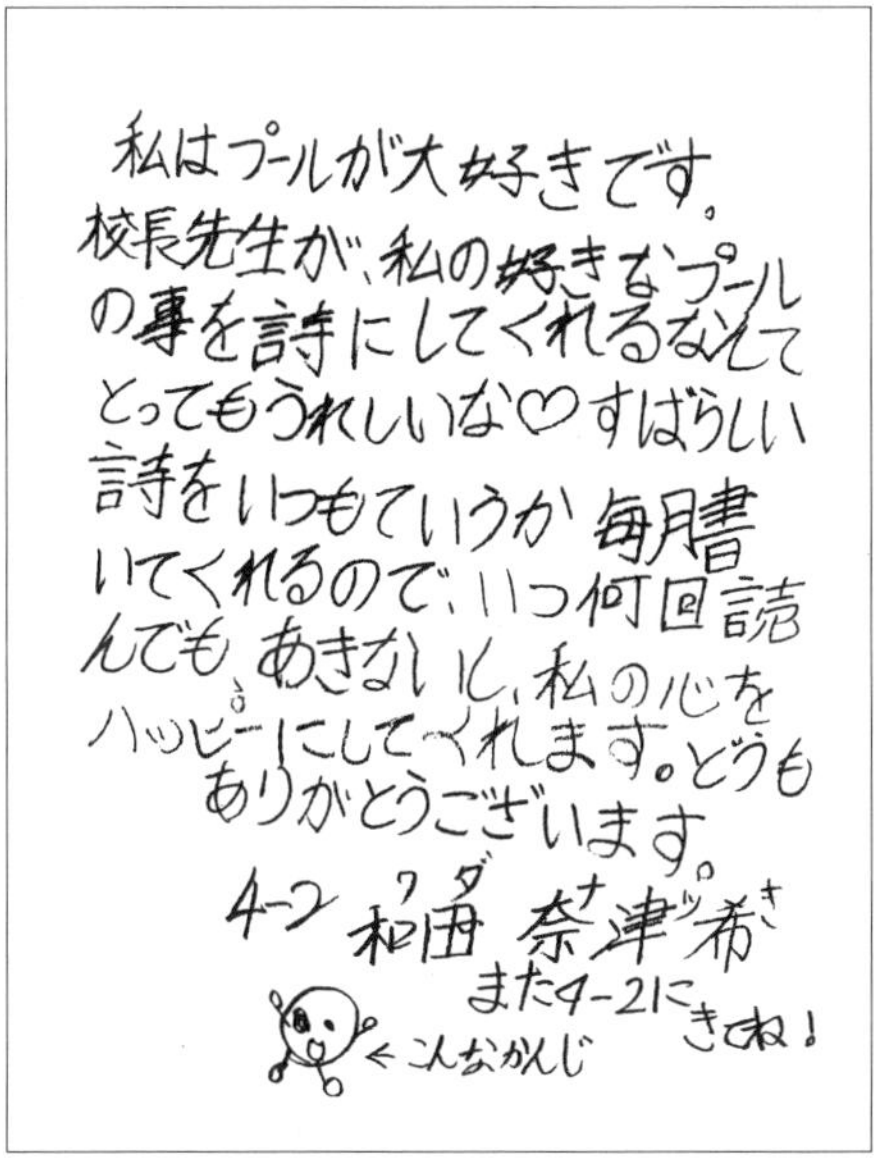
私はプールが大好きです。
校長先生が、私の好きなプールの事を詩にしてくれるなんてとってもうれしいな♡すばらしい詩をいつもていうか毎月書いてくれるので、いつ何回読んでもあきないし、私の心をハッピーにしてくれます。どうもありがとうございます。
4―2 和田《ワダ》 奈《ナ》津《ツ》希《き》
また4―2にきてね！

うれしいな。すばらしい詩をいつもっていうか　毎月書いてくれるので、いつ何回読んでもあきないし、私の心をハッピーにしてくれます。どうもありがとうございます。（4―2　和田奈津希）また4―2にきてね。

○プールってたのしいんだな。

○今はプールのきせつだからいいしだと思った。こうちょうせんせいは字がうまいこともしった（4―2）

○こうちょう先生。わたしはプールが大好きです。学校も楽しいです。一年生に入ったとき、友だちが、いっぱいできました！いつも元気でね

○プールっていいな～　わたしはこのしをよんで　プールがだいすきになりました。

③発展させて考える子

○私は、くもになりたいです。理由は、くもはとても大きく　好きです。とてもすてきです　だから　だから心にもあらわせないです。でも、1つだけいえます。くもは　すてきです。（4―2　井谷綾子）

④詩への希望を書く子

○次は、9月なので、「夜になく虫」と言う詩を書いてくれたらうれしいなあと思います。（4年2組　森未佑

紀）　4―2にまたきてね。

⑤その他

○こうちょう先生　てつだうことあったら　いつでもいってね。（2―1　さこま　ゆか！）
○こうちょう先生は、いつもやさしいね！いま　どこに　おるの？いつも元気にいてね！
（2―1　西野まひろ）
○こうちょう先生へ　やさしいね。わらっているね。いつもにぎやかだね。せんせいのへやは広くて、とくにミステリーがおもしろかったしね。だいじにみてくださいね。（2―2　和田　百華）
○こうちょう先生　かっこいいね。（2―2　たに　えみか）
○こうちょう先生へ　こうちょう先生はやさしいね
○校ちょう先生へ　校ちょう先生はいつもにこにこしているね（二の一）
○校長先生へ　こうちょうせんせいはかっこいいね。それにやさしいね。いつもありがとうです。
○校ちょう先生へ　いつもこうちょうせんせいはかっこいい。
○こうちょうせんせいへ　いつもやさしいね。いつもわらっているね。いつもげんきだね。
（2―2　和田　百華）

○こうちょうせんせい　いつも本をみせてくださってありがとう。
○こうちょう先生　いつもにこにこしてるね。また、いっしょにあそぼうね。こうちょう先生へ　やさしいね。こうちょう先生のへや広いね。だいじにみてね。こうちょう先生への手がみ　こうちょう先生　かっこいいね。だいじに読んでね。（2—2　まつい　のりみ）
○こうちょう先生　だいじにつかってね。こうちょう先生　やさしいね　こうちょう先生のおへやひろいね
こうちょう先生　だいじにみてね。（2—2　たに　えみか）
○こうちょう先生へ　こうちょう先生はやさしいね（2—2　たに　えみか）
○こうちょう先生へ　こうちょう先生はやさしいね。また、いっしょにあそぼうね。こうちょう先生のこと大すき。（2—2　まつい　のりみ）
○こうちょう先生へ　ドッチボール　じょうずだね
○こうちょうせんせい　プールじょうずですね
○こうちょう先生はやさしいね（井戸本りょう太より）

④詩を書く子

○　七月に会いたい人

わたしは、
あいたい人がいます。
でも、その人は、
わたしの事を、
どう思うか、
わたしのあいたい人は、
おじいちゃんです。
でも、私のおじいちゃんは、
私が生まれるまえに
しんでしまいました。（4―2　井谷　綾子）

○プール・水　　4―2　井谷　綾子

プールは、／　青い。
プールは、／　夏。
プールは、／　水
そう水が、／　大事

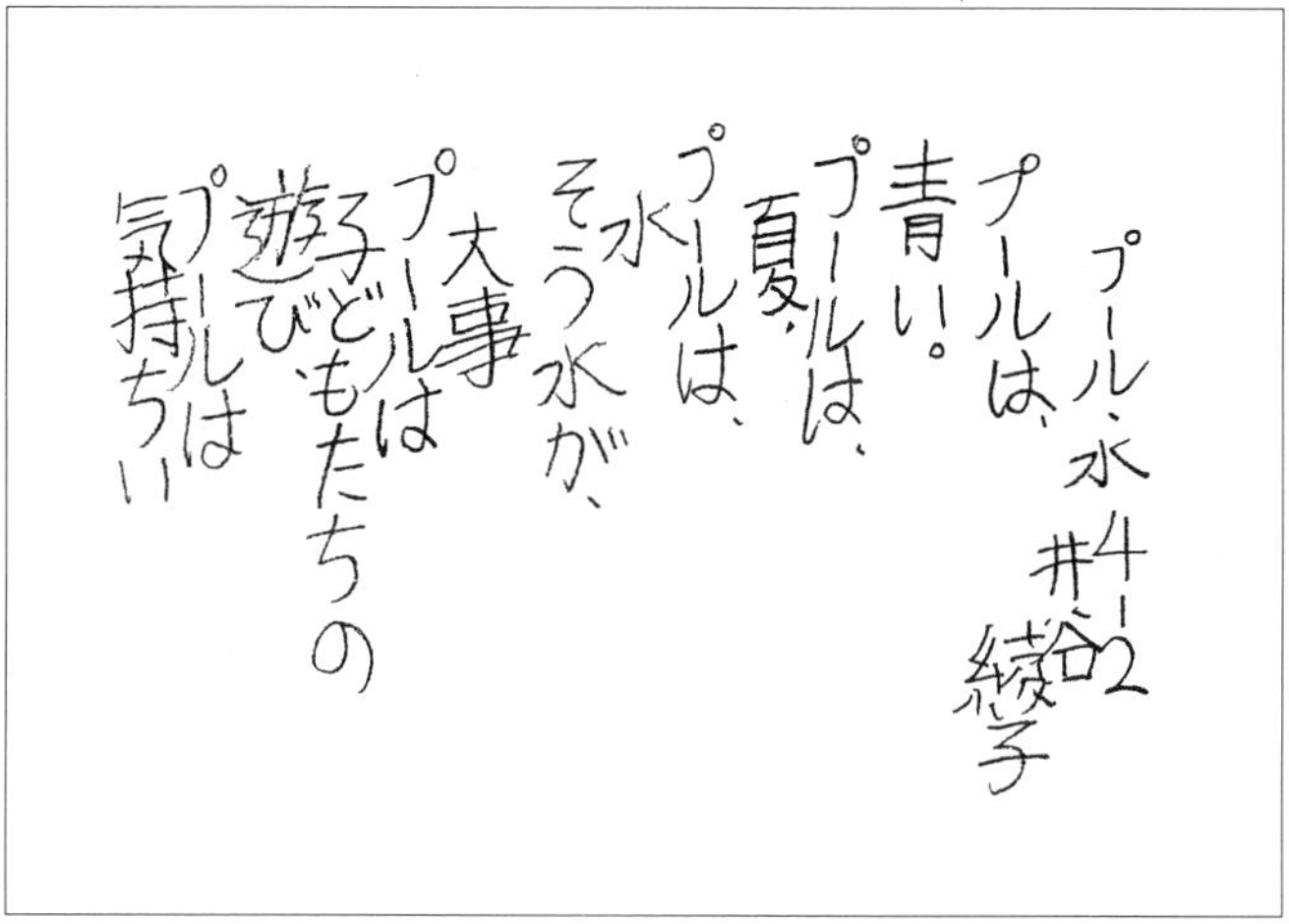

プールは　／　子どもたちの　／　遊び、
プールは　／　気持ちい

⑦改善を書く子

○こうちょうせんせい　どこいったの！ひらがなでかいてね。（ちな　より）

⑧疑問を書く子

○どうやって考えたのかなーと思いました。このじきのことを思うと、すてきでした！（6—3　和田はるな）
○こうちょうせんせいへ。こうちょうせんせいは、どんなしごとをしているのか？（岡本みず生より。）
○こうちょうせんせいカッコイイ　どんなしごとをしているの？

⑨書き方について書く子

○字がとてもきれいで、自ぜんのことを詩にかくってすごいと思います。

○字がとてもきれいです。ふでかいてとても書きにくいと思います。わたしももっとじょうずになりたいです。すごい詩を考えたと思いました。

○せんせいやさしい　しがうまい

○こうちょう先生　字がじょうずですね

⑩端的に書く子

○いいしです

○たのしいかんじ

○いいしだと思いました。

○夏っていいなと思いました。

○いい詩だな～。

○かんどうしそうです。

○感ドーした。とてもよかったです。

（6—3　龍田）

○月ごとに、こんなすごい詩を思いつくのは、す

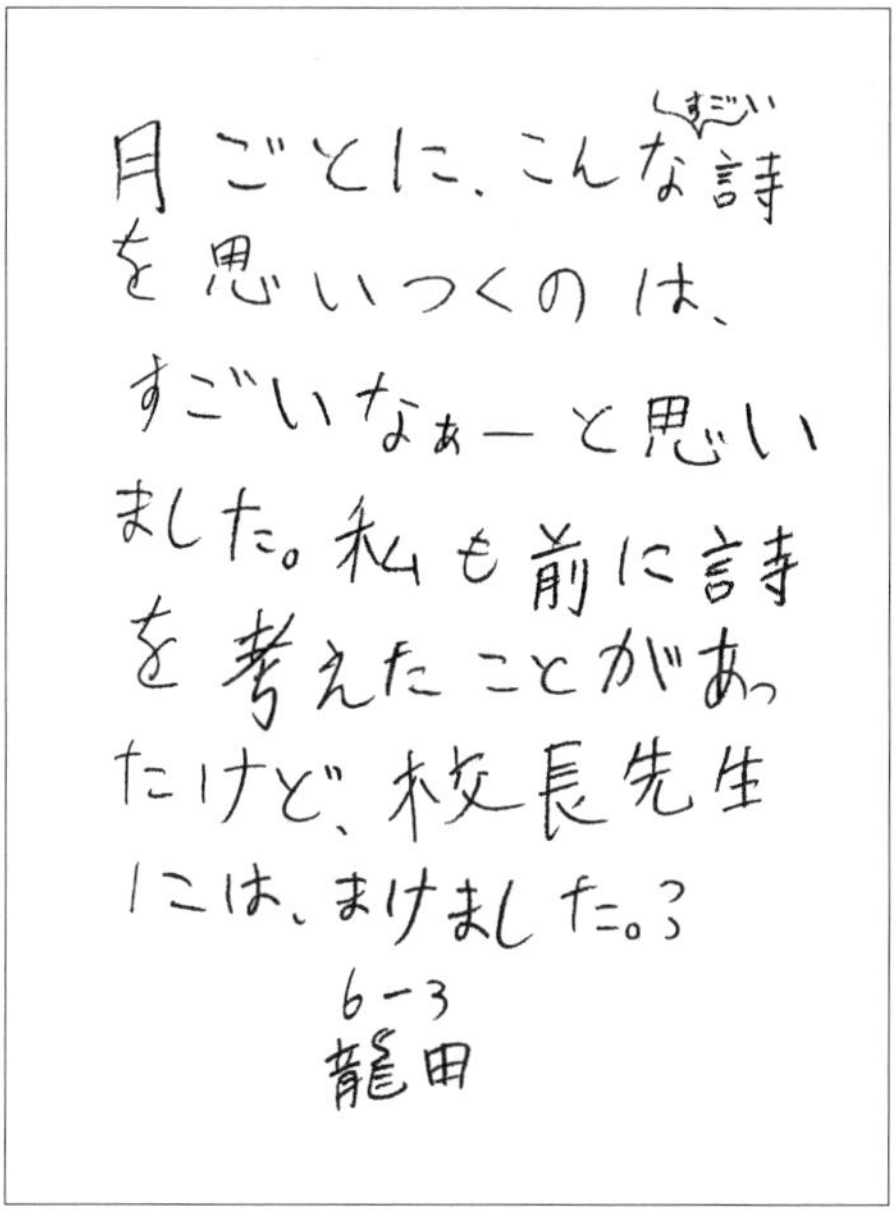
月ごとに、こんなすごい詩を思いつくのは、すごいなぁーと思いました。私も前に詩を考えたことがあったけど、校長先生には、まけました。

6－3
龍田

ごいなあーと思いました。私も前に詩を考えたことがあったけど、校長先生には、まけました。

（6―3　龍田）

○夏のことがいろいろかかれていた。

○体をたいせつに　言葉をたいせつに

○いいしですね

○こうちょうせんせい　いつもありがとう！（ちなより　ゆりあより）

○夏のことがとてもうまく表現できている詩だと思いました。

○こうちょう先生ってすごいな～。

○いつものようにかがやいている。

○校長先生ぜっこーちょうー！

○すごい詩

○夏　みたいなしです。

○いいしです。

○校長先生へ　毎月×2詩を書いてありがとうございます。（ほんとに）（五年二組　馬場香菜子）

○いいし

○すごくよかった

○きれいなことばをつかっていて　とてもいいですね。すごいです。
○よく分からんけど、いいと思います。
○これってよくわかりません

（七月は七〇人の子が感想を入れてくれていました。絵だけなどは省いています。）

（3）七月の詩③「夏の太陽」（有功東小学校）

二〇〇五年七月は、次の詩でした。

夏の太陽　　武西良和

スカッ
と雲をつきぬけて水の底まで
たどりつき
水と楽しく遊び出す

水も
光が気に入って
水と光はぐるぐると
プールの中で
はね回る

子どもたちも
楽しく一緒に遊ぼうと
一気に
水になだれ込む

子どもは
水と光に染められて
夏はプールに
あふれてる

子どもたちの感想

次のようなグループで書かれた感想が入れられていました。

○思ったんだけど、「水と光にそめられて」と「夏はプールにあふれてる」っていうとこが、すごくいいことばと思いました。（さき、あやか、すずか）。

（4）七月の詩④「夏」（有功東小学校）

次の詩が、二〇〇四年七月の詩です。

夏

武西良和

水の上で
子どもの声が
アメンボのように

ぴょんぴょん
飛び跳ねる

水の中で
子どもの瞳が
ゲンゴロウのように
くるくる
動いてくる

プールサイド
に手がついて
水から顔を出したとき
ゲンゴロウ
と
アメンボは

大きな歓声になった

子どもたちの感想

今まで、夏に詩を読んで、子どもたちの感想が入ることはあまりありませんでした。けれども、子どもたちはそこに、感想を俳句形式で入れてくれました。

①惇平くんの言葉

アメンボは　陸に立ったら　クモみたい（5―2　惇平）
ゲンゴロウ　陸の上では　コガネムシ（5―2　J・K）
インコ小屋　小さい鳥も　入れるよ（5―2　J・K）
かみなりは　ごろごろおこる　こわいなあ（5―2　J・K）
トラの目は　夜になったら　ビーダマだ（5―2　J・K）
かいだんは　夜になったら　ぶきみだな（5―2　J・K）
あかとんぼ　羽をとったら　とうがらし（5―2　J・K）
太陽に　かざした手には　血が見える（5―2　J・K）

アカトンボ　めがねはでかい　よくみえる（5―2　J・K）
トンボ池　コトリがすむと　コトリ池（5―2　J・K）
トンボ池　メダカがすむと　メダカ池（5―2　J・K）
図書では　本読みするが　遊びたい（5―2　J・K）
学校の　給食は　おいしいな（5―2　J・K）

②勝紀くんの感想

モルモット　エサをたべてる　かわいいな（5―2　勝紀）
シロとヤギ　みんな学校の　仲間です（5―2　勝紀）
とりのこえ　うたごえみたい　きれいだな（5―2　勝紀）

③その他

○アメンボの足は速いですね。（4―1　中屋）
○夏のよる　ほくとしちせい　よくみえる（4―1　真朱）

○モルモットがげんかんにいる（モルモットと鳥を玄関に移動した）
○おげんきですか。わたしは一輪車がのれるようになりました。（ちよみ）
○楽しいね　みんながいたら　楽しいね　楽しいね（岡本）
○おげんきですか、ありがとうっていわれたら、きもちいいよね（いさおようちえん　ちよみ）

Ⅲ　秋の詩

1　九月の詩

（1）九月の詩①「九月」（三田小学校）

二〇〇七年九月は、次の詩でした。

九月

武西良和

あつい
暑い
ついでに熱いが
厚い
と思っていたら

涼しい
が肩をそっとたたいた
涼しい
がほおをすうっとなでた
涼しい
が耳たぶにやんわりさわった

九月は南へ
あつい
を送り出し
涼しい
と手をつないで北からやってきた

元気に運動したあと
涼しいに汗を

引かせよう

子どもたちの感想

①読んで意欲を高める子

○あついとすずしいがちょうどよくて　九月は運動がんばるぞ　という感じになります　運動会　がんばるぞ！（5―2　岡本望玖）

○こんなすばらしい詩を毎月書くのって　すごいね。これからも読みつづけるのデ！よろしくおねがいします。（校長→teacher→へ）

○「暑い」というのがすごく伝わってきて、いい詩ですね！

感想を読むと、書き手であるわたし自身が勇気づけられます。

②共感する子

○この詩を見て、九月なのに暑いので、この詩のように涼しくなったらいいのにと思いました。（4・1）

○先生がきょうしつで、読んで、くれました。おもしろかったです。また、こんな、すばらしい詩をかいてくださいネ！

○夏らしい詩ですね。心もすずしくなりました

○すずしいかんじになりますね　せんきゅー

○感想　あついって漢字　いろいろちがっておもしろいと思った　さいきんすずしくなってきたので詩みたいに　あついが南へいったんだなあとこの詩をよんで思いました。

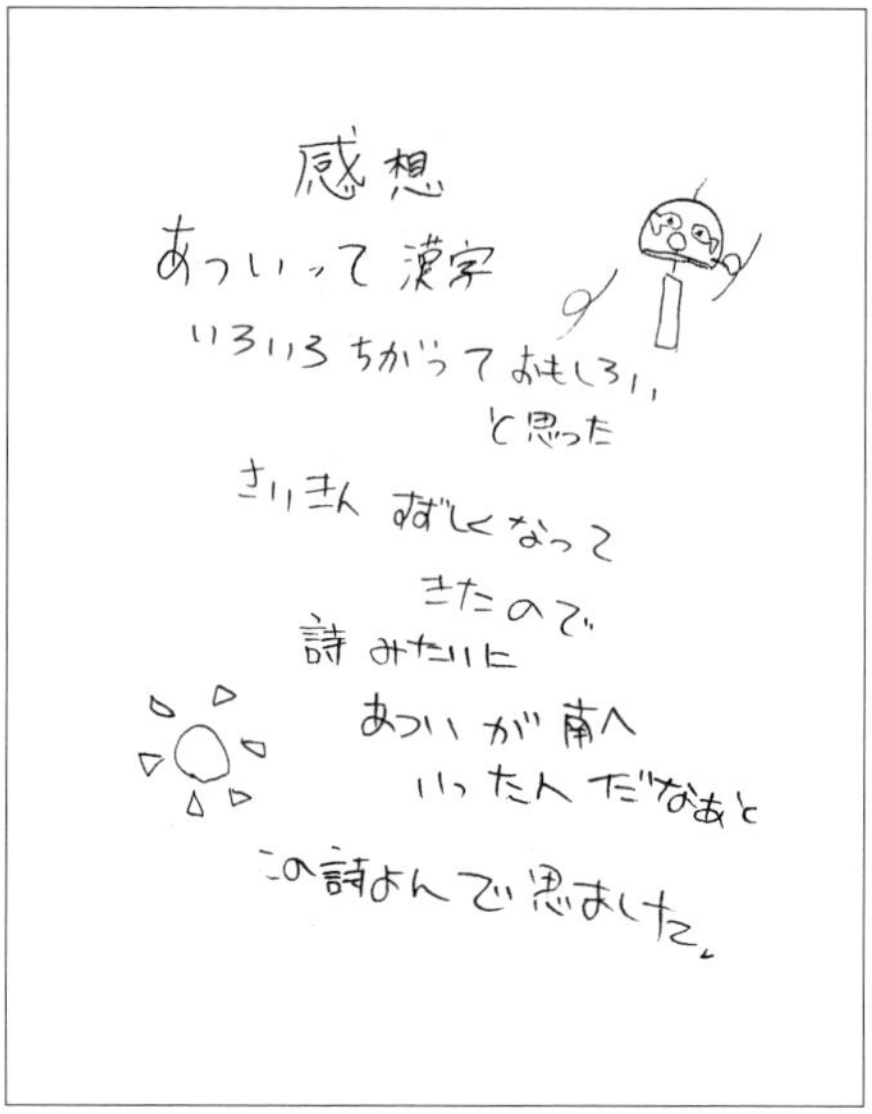

共感してもらうと、一種の安堵感を感じます。この子らの勢い、生かしたいと思います。

③次の詩を提案する子

○次は木のことを書いてください。さわさわあそんでいるかんじ。よろぴくー。よろしくおねがいします。

○プールなど、海のことをかいたらすずしくなるので、かいて、ください。よろしく！おねがいします！

こんな詩を書いて下さいという希望、それにできるだけ応えたいと思います。

④端的に書く子

○いい詩ですね。また詩を作って下さい。（4・1　小川統也）
○とてもよかった！
○いい詩でした。またいい詩をつくってください。（尾上智成）
○いいしだと思います。（花光）
○あつい　あつーいよ　あつい　あつい　あつい
○いつもいい詩ですね！10月の詩も楽しみです（5―2　巽　杏香）
○いい詩だと思います
○あつい感じとすずしい感じがします。

⑤その他

○あついか、すずしいか、はっきりして下さい。
○うんどうをした時、あついから、すずしいかぜが来ても、無意味だと思います。

〇すごいですね。そんなに思えて楽しいですか？

(2) 九月の詩② 「秋の庭」（三田小学校）

二〇〇六年九月には、次のような詩を書きました。

秋の庭

武西良和

リンリンリーン
虫の声が
静かな暗闇から聞こえてくる

ルンルン
ルーン
そうだったんだ

声がきれいに出るために
夏が必要だったんだ
夏が少しずつ冷まされて
秋
は目を覚ました
その瞬間
いっせいに
声たちがスタートを切った

草むらに
畑に
虫たちの
鳴き声があふれている

子どもたちの感想

①共感する子

○いいし

○九月の詩も、いいなあと思った

○いつもかいています。いつもとってもじょうずな詩だと思います。きせつによっていつもちがうので、いつも楽しみにしています！つぎの詩も楽しみにしていま〜す！よろしくハハハ

○わたしは、秋も、この詩も　とっても大好きです。冬もたのしみい。

○校長せんせい　私は、この詩が、とても、好きです。11月、12月も、たのしみです。これからも、たのしみにしてる。

○秋っぽくて、いいしです。校長先生は、詩が好きなんですね。

○秋のしずかな、夜のかんじが、出ていて、いい詩だなと思いました。

○これを見て、「もっとすごい詩を書きたい」と思

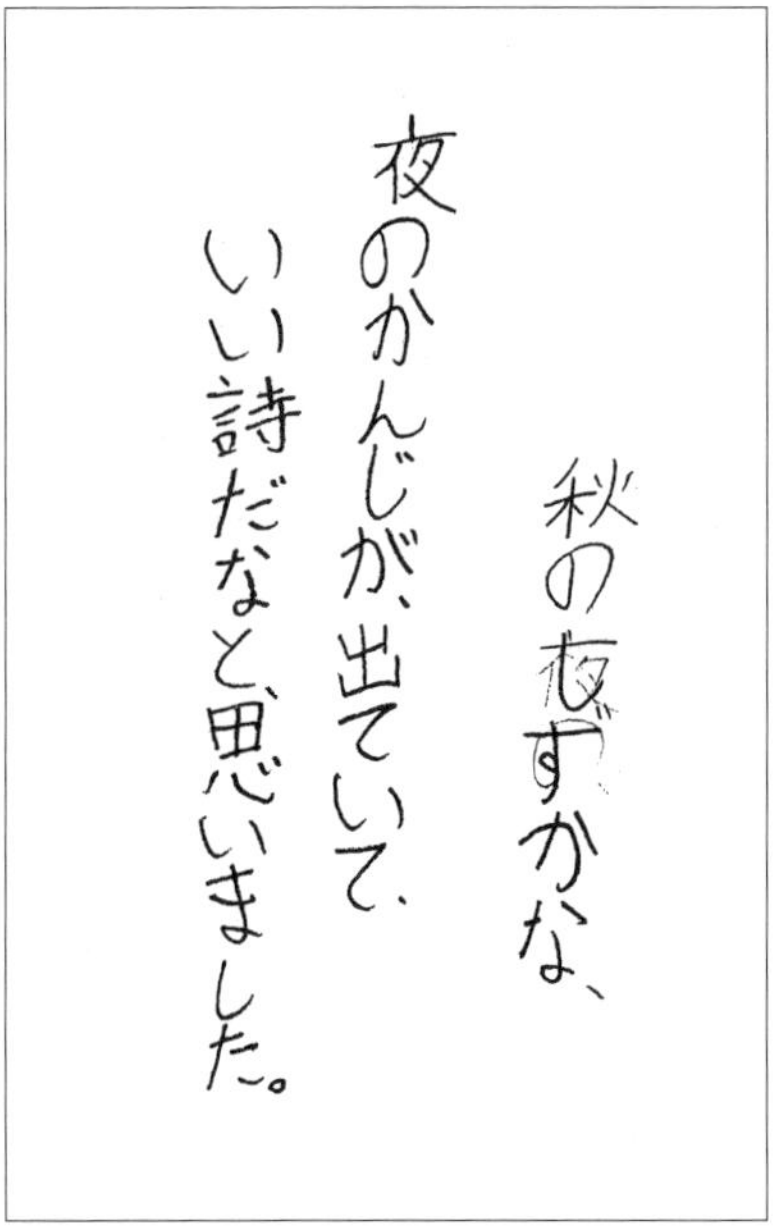
秋の夜ずかな、
夜のかんじが、出ていて、
いい詩だなと思いました。

いました。
○秋という季節が虫には大切なんだなあ。
○秋（二〇〇六年九月の詩）夏は、あつくて、いやだけど、夏は虫たちには、大事なきせつなんだなあと、思いました。夏が、もっと、つづけばいいのになあと、思いました。（三年一組　内田くるみ）
○（二〇〇六年九月の詩）秋　夏はあつくていやだけど、夏は虫たちには大事な、きせつなんだなと思いました。夏がもっとつづけばいいのにな、と思いました。（三年一組　高木美保）
○このしをよんだら、あきをかんじるようにおもえました。（前　真琴）
○しをよんで秋の虫の声のことがわかったような気がしました。（井上未悠）
○このしをよんで思ったことは、虫としぜんのかんじがしました。
○いいし
○こうちょう先生に　秋のし　おもしろいね
○きれいな詩ですね！わたしもそんな詩にあこがれています
○いいしですね
○このしをよんでいいと思いました。（川しま　まりんより）
○いいしとおもいました。
○今日は、とてもいいしを見ました。（小川りほより）

②実生活を連想する子

○虫の泣き声　私の家にも聞こえて　きます。（6—2　E・H）

③次の詩への希望を書く子

○とっても秋らしい詩だと思います。この詩を見ると、暑くても、すずしくなれます。そして、お願いがあります。10月1日の運動会の日、私のたん生日なので、私の考えた題名にしてほしいです。題名は「秋のたん生日」よろしくお願いします。

○校長先生　いいしです。これからもしをかいてください

○また、しを作ってください。（小川りほ）

○いい詩ですね！一〇月もいい詩かいてくださいネ。

○もう秋って言うのが、わかりました。次の詩は「冬」かな?次の詩も、たのしみに、しています。

（4年3組　大平扶美香）

④詩を書こうとする子

○　秋　南上さえり　詩

もみじがゆれる
それにあわせて虫たちが鳴く
いい音がきこえる

○私も詩を書きました。

虫　沖殿実央　詩

リーンリーンと虫が
ないている
よるはうるさいけど
虫の声はいいから
すぐねれる

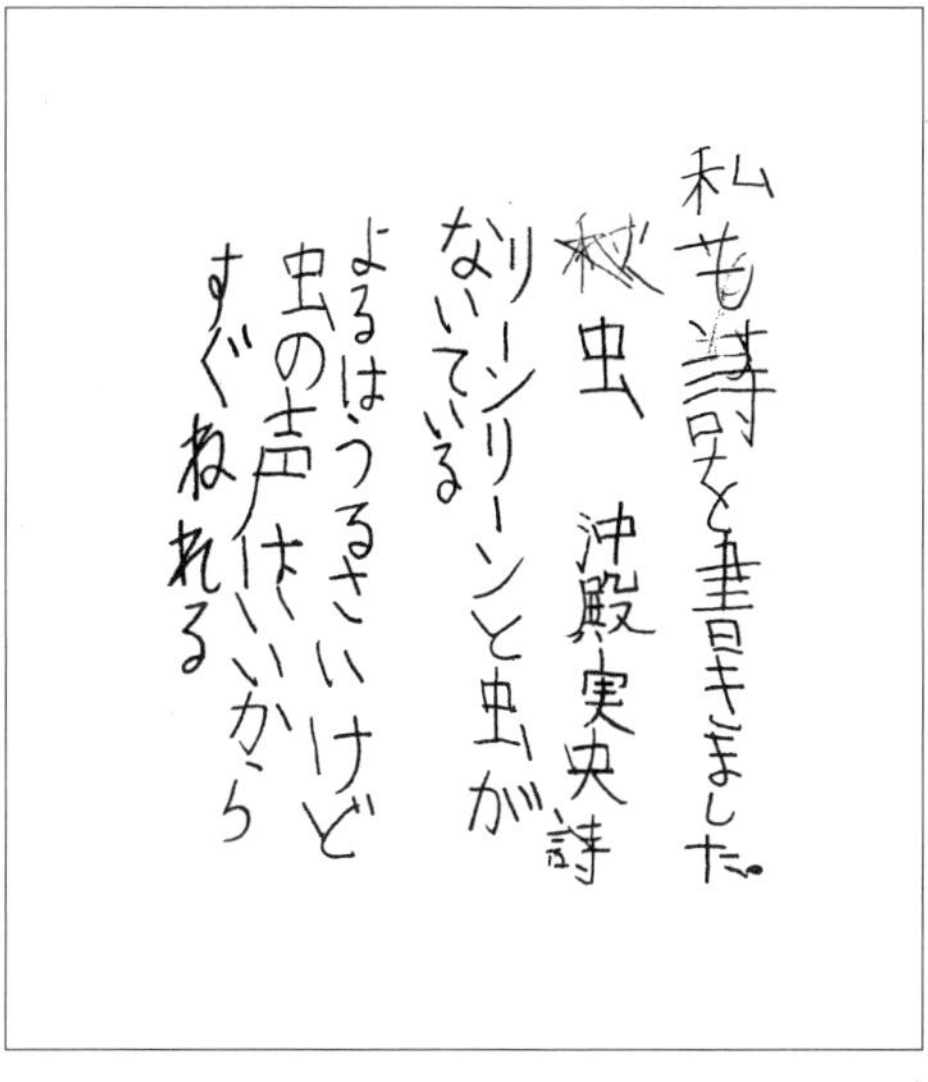
私も詩を書きました。
~~秋~~虫　沖殿実央　詩
リーンリーンと虫が
ないている
よるはうるさいけど
虫の声はいいから
すぐねれる

○きれいな詩ですねーわたしも考えてきました　でも上手ではありません

○すごいいいはなしですね、しもおもしろいし　こんなすてきなしをかきたいです

○私も詩を書きました。

⑤音に共感する子

○リンリンリーンという音がきれいだと思いました（三年一組　山口公佳）
○おとが出て詩はきれいなあ　と思いました
○虫の声は、きれいな声だと思いました。（たかぎ　みほ）
○虫が本とうに、ないているかんじだし、ほんとうに声がスタートを切ったかんじでいい詩だと思いました。
○ほんとうにきこえてきそうで　いいしと思います。（小山ゆうか）
○虫の声はしずかな声だと思いました。（内田久留珠より）
○「ルンルンルーン」という音がおもしろそうだと思いました。
○わたしの家では、すず虫をかっています。なつには、とてもきれいなこえとは、いえないようなこえでしたが、れんしゅうをたくさんしたのでとてもきれいなこえでないています。（中のまなみ）

⑥端的に書く子

○上手ですね。
○秋大好き　この詩　サイコー

○いい感じだ
○きれいな　しですね（やす本　歩未）
○先生は、詩が上手ですね。
○たのしいしだとおもった
○こうちょう先生へ　いつもありがとう。
○いい詩だと思いました。
○おもしろい　たのしい
○秋はたのしそうです
○秋と思う。
○秋っていうのは、気づかないでかんじるもの。
○すごい！
○とてもいい詩で「秋」という事がわかってきた
○たのしいしだとおもう
○うまいとおもった
○うまいとおもうんだ

⑦その他

○リンリンリーン虫の声が　ていうとこなんの虫なのかな
○学校たのしい
○みました
○友達のE君が、しょうもないギャグをいって、とりあえず笑ってみたが、「寒」と思った。
○校長先生へ　てつだうことあったら　わたしにいってね。（ゆかより）
○校長先生はやさしいね！
○校長先生へ　いつも元気だね。（2―2　のりみより）
○まつもとより
○りょうへいより

（3）九月の詩③「門」（有功東小学校）

二〇〇五年九月は、次のような詩でした。ふだん気づかないが、いつも見守っているもの、そんなものが自分の身近にあるということに気づいてほしいと思ったのでした。このことは、単に門だけのことに限らず、多くのことに関係していくものだからです。

門

武西良和

いったい
何人の人がそこを通ったのだろう
千人？
二千人？
いや
もっと多くの人たちが
入り
出て行った
そこに門がある
ということに気づかずに
門は多くの人を迎え

見送る
同じ数を
一度も間違わずに
でも校門は
気にかけてはもらえない
そこに
あることすら

子どもたちの感想

掲示した詩の横に、感想を入れる箱を準備していますが、その中には、次のような紙片が入っていました。

①疑問を書く子

○　3—光　さやか
千人でも二千人でもないなら、五千人、一万人、本当は何人だろう。

②触発されて詩を書く子

○　1年光組のちはなさん

けしき

あきのけしきはきれいだな。あきは、あかとんぼやおちばなどが、あります。

○　3―風　ちはな

ささ

竹やぶでゆれるささ
風にのってゆらゆらゆれる
きれいな音だ
夏も終わりだな……

○　3―風　かほ

なつ休みがおわったら、もうあきですよ。
あかとんぼがとぶ、そらよ

③その他

○　1年光組のちはなさん
いさおひがししょうがっこうのみなさんは、おもいやりのこころをひとつにまとめて、みんなのちからでがんばりましょう。わかやましむそた1312―12　みなさんがんばろう。

（4）九月の詩④「しんがっき」（有功東小学校）

二〇〇四年九月の詩です。

しんがっき　武西良和

あついので九月は
紀ノ川
の水でからだを冷やしている

だが　もう
すでに九月がはじまったとわかって
あわてて坂を走り上がった
水にぬれたまま

学校にくると
子どもたちのかおに
汗
が光る

みんなはまだ
夏
とあそんでいる

子どもたちの感想

①共感する子

○私は、この詩をみて、とてもすごいなあとかんげき！実は、私も詩をつくるのが大好きです。これからも良い詩を書き続けて、私たちによましてください！（シロお散歩隊長　響子）
○校長先生、いつもニコニコ元気だなあ～。と私は詩を作りました。（5—1　美和）
○この詩を読んで、すごいとおもいました。早く秋の詩を見たいです。自分も詩を作ってみました。よんでみてください。（5—1　美和）

②詩を書く子

○私も詩をつくりました。

道　響子

道は自分で造る。
道は、自分で開く。
人の造った道は

自分の道にはならない。

葉っぱ　響子

草はいつも名があるのに草とばっかりよばれてる。
そんな草は、そんなこといわれても
やがてりっぱなはになる。
私はそれをみならいたい。

今　響子

あのね、時はかねなりっていうけどね、
本当は、今が大切
今を大切にしていると
すてきな未来が私を
待ってくれているから

2　十月の詩

(1) 十月の詩①「みのり」(三田小学校)

二〇〇七年十月は、次のような詩でした。

みのり

武西良和

ショウショウと雨が
降り
サワサワサワと風が
吹く
サンサンと日が
照り
ユサユサユサと木が

揺れる

雨や風
陽射しを養分にして秋に
ミカンは実り
稲が実る

それら全てを栄養にして
ぼくらは生きているのだ

今度はぼくらが友達に
仲良しの
栄養を与える番だ

子どもたちの感想

①思いやりを伝える子

○毎月、詩を書いていては、たいへんでは　ありませんか?でも、毎月、すばらしい詩を作っている、こうちょう先生は、とっても、すっばっらしい（すごいすばらしい）ですネ。

力を失いかけている時、勇気づけられます。

②想像して書く子

○秋の景色がよく頭にうかぶので、いい詩だと思います。

③詩の内容を理解しようとする子

○とてもゆたかでしぜんのことがかいていました。

（具志ゆうき）

○人間としぜんはいっぱいかんけいしていることがわかる。しぜんは、人間を助け、人間もしぜんをたすけている。（天木　陽介）

○いつも前を通ったら　必ず何回も読みます！毎月いろいろな詩　すごいと思います！これからも　がんばってください。

○この詩は　きせつが分かるしです。

いつも前を通ったら
必ず何回も読みます!
毎月いろいろな詩すごいと
思います!
これからも
がんばって下さい♡

④次の詩の希望を書く子

○私はパンダが好きです。また、こんど　パンダの詩を書いて下さい。

⑤卒業生が書く

○感動しました　先生のお話　貴重な体験（？）となりました　ありがとうございました。

（和大教育学部附属中の二人）

⑥表現の良さを指摘する子

○ショウショウとかサワサワとか
いろいろひょうげんがいいと思います。

（6―1　岩橋れいな）

○ショウショウとかサワサワとか、音のない物を、音に表現しているのがいいと思います。特に最後の3行が好きです。（6―1　宮本　希恵）

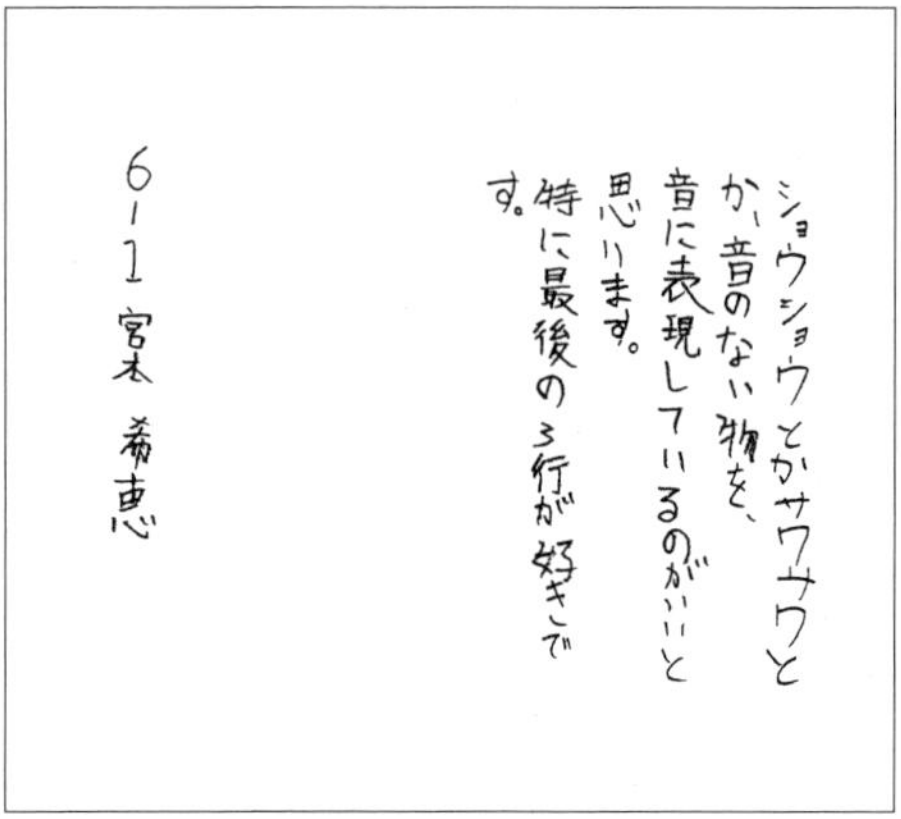
ショウショウとかサワサワと
か、音のない物を、
音に表現しているのがいいと
思います。
特に最後の3行が好きで
す。
6-1 宮本 希恵

⑦端的に書く子

○がんばってください
○わたしは　しをよんで　きれいです。
○すごい詩だとぼくは思います。こうちょう先生は天才。
○すごい
○すごい　いいし　です。
○すごい　天才
○すごい　いいしです
○かぜにゆれる
○いまは、よく、「太陽がサンサンと……」というのがありますよね。
○いい詩だと思うよー
○校長先生は、すごく、詩が上手ですね。
○すごいと思います。
○いいしだと思います。なぜなら　かっこいいからです。
○またかいて？（お上）

○いいね～。（森中理人）
○いいよ。
○いいね～。（お上）

⑧その他

○がっこうは、とてもたのしいです
○こしいたいよー
○おばちゃんがどぶにおちて　「おーばっちゃん」
○つかれたー
○校長先生大すき　ゆうま
○武西先生　参観のときだけ　きどるのは、やめてください。
○もうすぐ　修学旅行　歌うたうの　イヤだよー
○校長先生とてもだいすき。（3―2　谷山昂士）
○好きなん？しをかくの　校長先生
○思ったり感じたりしたことがあればここに入れてください。

○10／23日火曜日にしゅうがくりょこうにいきました。たのしかったです　なまえ（小引大志）
○校長先生　本すき？（3―2　上柏椋）
○あきになった。
○一りですんでいるのは、さみしいかもしれないけろ、がんばってね。
○あきになった
○校長先生大すき。
○一りですんでるのかわいそうれ　おかねもないのかれいそうだね
○おかねないの

（2）十月の詩②「深呼吸」（三田小学校）
二〇〇六年十月には、次のような詩を書きました。

深呼吸　　武西良和

すみきった空に

向かって
体いっぱいに空気を
吸い込み
口から
はあああああーっ
と吐いてみよう

自分のなかを空っぽにすると
いろんなものがいっぱい
入ってくるよ
雲の
やわらかさ
とうめいな風の
音
日差しのまぶしさ

……
深呼吸のたびに勢いよく
飛びこんできて
ボクを
ボクらしくしてくれる

子どもたちの感想

①共感する子

○深呼吸をするといいことなんだな　雲のやわらかさ　風や日差しのまぶしさ　すごくつたわるなーと思いました。（西川）
○深呼吸を　くり返して　いろんなものを　いっぱい　入れる。そして　自分を自分らしく　できる。そのことに私はとても　なっとくしました。深呼吸は大事なのが分かりました。（6―2　堀尾）

○とってもいい　しでした。かんどう&号泣&笑い
○この詩は、心のゆたかさがかんじられます。

深呼吸を くり返して いろんなものを
いっぱい 入れる。そして 自分を自分らしく
できる。そのことに 私はとても
なっとくしました。
深呼吸は大事なのが分かりました。
6-2 松尾

②感謝する子

○いつもいい詩をありがとう。
○こうちょうせんせいへ　いつもおせわになります。（南上さえりより）
○こうちょうせんせいへ　いつもおせわになっています。（こでか）
○いい詩をありがとうございました。次も楽しみです。

③質問・疑問を書く子

○しつもん　どうやったらそんなにいい詩を書けるの？すごーい！
○「……」は何のいみ？
○「日差しのまぶしさ……」の「……」はなにを意味するのですか？
○いつも詩をみてますが、十月の詩もすごいです。どうしたら詩がおもいつきますか？

④詩の感じを書く子

○きもちよさそうで、ぼくもこんな「し」をかきたいな
○のんびりした詩ですね！
○この詩は心が、ゆう大にひろいと感じたり、ほのぼのしてると、思うような詩です。
○「はああああっ」……というイメージです（絵あり）

⑤詩の表現に共感する子

○「ボクをボクらしくしてくれる」というさいごの言葉がとてもすてきだなあと思いました。
○「自分のなかを空っぽにすると　いろんなものがいっぱい入ってくるよ」というところで、本当にそうなんです。
○校長先生は、とても詩が上手ですね。十月の詩の中で、一番すきな所は、空っぽの所です。

⑥端的に書く子

○かんじ　いっぱい
○いつもいいしですね。
○校長先生へ　しじょうずですね（はつねより）
○いい詩でした。（3年2組　永山）
○いつもいい詞ばっかです！
○とってもいい詩ですね。
○いままでの中でいちばんいいとおもいました

○おもしろい
○おもしろいとおもった
○十月の詩もとてもいいです。

⑦その他

○ぼくは10さいになりました。
○うれしいな
○ペケポン
○こうちょうせんせいへ　げんきですか。
○こうちょうせんせいへ　あしがなおってほしい、それでこまなしじてんしゃにのりたい。(こびきひろし)
○こうちょうせんせいへ　絵
○こうちょうせんせいへ　だいすきです

（3）十月の詩③「かけっこ」（有功東小学校）

二〇〇五年十月の詩です。

かけっこ

武西良和

かけっこ
かけっこ
おっかけろ
おっかけられても
おっかけろ

びゅんびゅん
びゅんびゅん
靴がなる
うしろの人に

前の人
コーナー
曲がって
はずみがついた
ころんだって泣くもんか
ゴール
はまぢかだ
もうすぐだ

子どもたちの感想

この詩を読んで、子どもたちはどのような感想を持ったのだろう。

①共感する子

○「ゴールはまぢかだ」という所で、がんばれ!と思いました。(4年　数馬)

②詩を書く子

○この詩を読んで、千花奈さんは次のような詩を書いていました。

ささ

さきはゆれる
さきはとぶ
かぜにのってさらさら

③意欲や願いを書く子

○また、うんどうかいが始まります。がんばります。
○私は、秋の雨の日のしをぜひこうちょう先生に書いてほしいと思いました。（4―光　田伏、服部）

（4）十月の詩④「秋」（有功東小学校）

二〇〇四年十月の詩です。

秋

武西良和

すずしい
風が
山からおりてきた

この間まで遊んでいた
夏も
南のほうへ帰って行ってしまって
背中さえ見えなくなっている

風は
子どもたちとなかよくしはじめると
子どもたちは
落ち着きをとりもどしてきた

脳の細胞の
一つ一つにすずしさがふきこまれ目が
学習
というしごとに力強く向かい始めた

学校にいる生きものたちはみんな
風
がきたことを知っていた

子どもたちの感想

①中学生の感想

○秋っぽい感じを、違うような感じで表している感じでよかった！（5年1組　七海の姉）
○達筆ですネ。この詞をよんで秋がきたような気になりました。（奈穂　5年？組の里穂の姉です。）

②二年生の感想

○校長先生の本を見て（推薦図書のことでしょう）おもしろいとおもいました。（2年2組　岡本）
○あきだな。おちばがいっぱい。きれいだね。（2年1組　ちよみ）
○もうすぐうんどう会　ようい、ドン　がんばってはしろうよ。（2年1組　かほ）

○校ちょう先生は、しがじょうずですね。（2の2　あかね）
○あきだな　ゆうやけこやけ　あかとんぼ。（2の1　かほ）
○みんなは、ともだち　いっぱいいいな？（2の1　えつ子）
○かぜは生きものたちをよんでいるみたいだよ。（2の1　さき）
○みんながきもちいいみたいなかんじだな。（2の1　さき）
○（みんな）みんなひとみがひとつひとつあふれてみんなのひとみがいっぱいになってくる。（2の1　さき）
○とてもいいしでした。またいろんなしをかいてください。（2の1　れいな、まほ、さやか、なつこ）
○かぜは、きもちいいな。（2の2　るい）
○こうちょう先生やっほー　すっきりしてるわたしたち　すっきりしてま〜す！

（かほ、とちの、高岡、くまがい、しおじ）

○あきは、すずしい　はっぱも、すずしい。（2―1　かほ）

③三年生の感想

○とてもおもしろいしだなと思います。（3の2　あいか）
○「あき」というだいがとてもすてきです。（3の2　玲奈）

○ともだちといっしょにあそぶ（2の2　まりな）

④四年生の感想

○こうちょう先生の本をよみました。とてもいいしがいっぱいだったんだけど、一番よかったのは、「ともだち」です。まだぜんぶよんでないので、よみたいです。（4の1　おく村）
○秋らしくてすごくいい詩はすごくよかったです。「しごとに力強くむかいはじめた」のところがすごくよかったと思います。（4の2　りか、はるか）
○季節の感じがよく書かれていて、いい詩でした。また、書いてください。（4の2　高岡、浜渦）
○これでよんだのは4回ぐらいだけど、いつよんでもいい詩だと思います。（4の2　高岡、浜渦）
○風と夏を人のようにたとえていて、すごくいいと思います。秋というだい名は、秋が近づいてきているというようなだい名だと思います。学校にいる生きものたちはみんな風がきたことをしっていた　のところがいいです。（4の2　かなこ、はるか）

⑤五年生の感想

○秋になったとわかるいい詩だと思います。（5の2　田和、藤本　5の1　稲邊）
○やまのなか　自然がいっぱい　きもちいいな（5の2）
○まいつき、しをよんでいます。かんどうします。（5の2）

⑥その他

○「新学期」に続いて、いい詩だと思います。（M・M）
○ああ、うれしい。（O）
○ほしは、いつもきれいだな。
○かぜは、ひゅうひゅうきもちいいな
○（あき）みたいだ　すごいよ

3　十一月の詩

(1) 十一月の詩① 「トイレ」 (三田小学校)

二〇〇七年十一月の詩です。

トイレ

武西良和

ハの字や
トの字に曲がっている
チャイムの音とともに
教室に急ぐ足音

パッパカ

クルン　トン
トイレで用をたしたあと
スリッパが足から離れ
ふっとぶ

「ごめん」
と言って足は両手を合わせるが
スリッパは乱れたままだ
誰かなおして
と思っていると
通りかかった先生が
ていねいに揃えてくれた

これで準備　完了!

子どもたちの感想

①良くしようと考える子

○なんだか楽しいきぶんになりました。そしてトイレのスリッパはきちんとなおさないといけないなと思いました。十二月の詩も楽しみです。十二月の詩の感想も書きたいと思います。

○スリッパをじぶんでそろえなければいけないと思います。

○この詩を読んで、トイレに行ったとき、スリッパがグチャグチャになっていたら、なおそうと思うようになった。

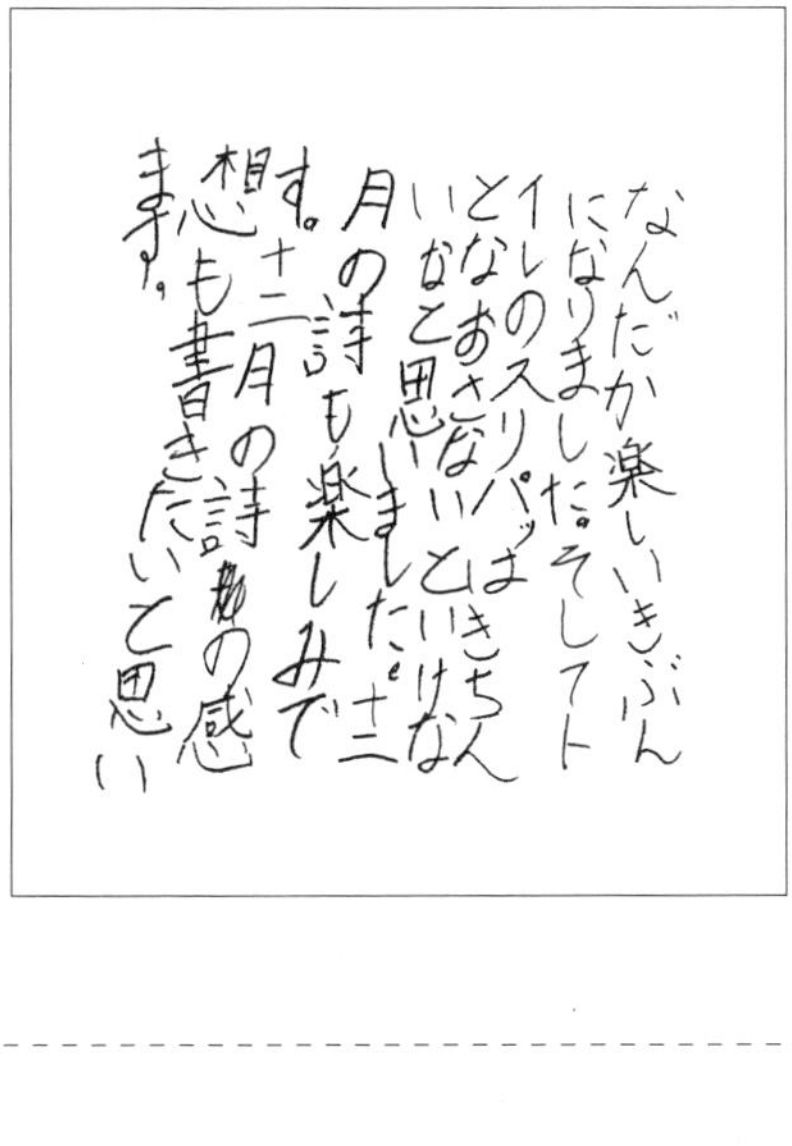
なんだか楽しいきぶん
になりました。そしてト
イレのスリッパはきちん
となおさないといけな
いなと思いました。十二
月の詩も楽しみで
す。十二月の詩の感
想も書きたいと思い
ます。

②次への希望を書く子

○いいしをまたかいてください（お上ともき）。

③共感する子

○わらってしまうような詩でした。
○すこしきたないが　おもしろいんやないですか？
○意外な詩だと思いました!!　とても上手だし、おもしろいです！（放送委員会の時、会議室まで来てくれて、詩を聞いてくれてありがとうございました!!）
○といれは、へんないんしょうがあるけど、よむといいしでした。
○わたしは、この「トイレ」と言う詩を見て、めずらしいなと思いました。それに、足音の、「パッパカクルントン」と言うところが、おもしろいなと思いました。（4―1）
○トイレというしは、スリッパをめいんにするのがいいですね。いえーい、もともっといっぱいかいて。
○こんな詩をかかれたら、トイレしたくなったー。行ってきまーす。

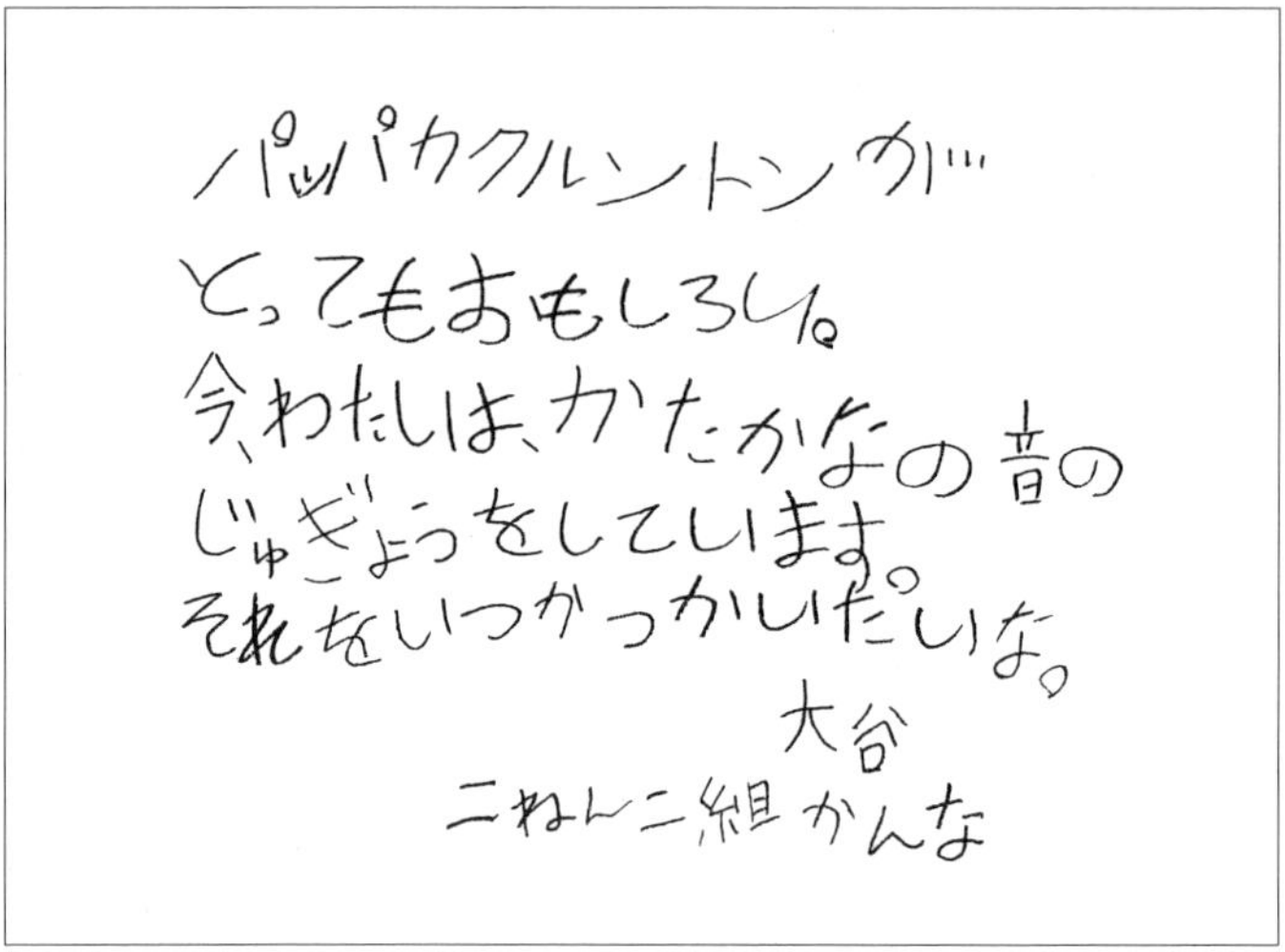
パッパカクルントンが
とってもおもしろい。
今、わたしは、かたかなの音の
じゅぎょうをしています。
それをいつかつかいたいな。
大分
二ねん二組　かんな

○なんか、おもしろい詩だと私は思います。それは、パッパカと言うところがおもしろかったからです。
○本当にあったら　いいのになー。
○パッパカクルントンがとってもおもしろい。今、わたしは、かたかなの音のじゅぎょうをしています。それをいつかつかいたいな。（二ねん二組　大谷かんな）

④違和感や疑問を持つ子

○題材をかえたらどうでしょうかー
○トイレはキモイですね。光ちゃんが、トイレでいいました。
○トイレはきもい。もっといいしをかいてー。
○トイレは、トイレのはなこさんがいるってゆうので。
○なんか意味分からん
○なぜ　ハの字やトの字に曲がっているんですか？
○やっほ　卒業生だよ。詩の感想わないが〝トイレ〟ってさあー　もおちょっと……キレイなの書いてよオ。
詩わいいケドね　流石やね（笑）（日進中一　○○○○より。いちよー美術部なんだ）

⑤驚きの子

○トイレってすごく　まじやばー
ＰＳ　本当にすごいいいです！
○自分だとおもいつかない詩でした。
○すごくいい詩！いつもすごいな！と思った！
○どれもふしぎに思いました。
○トイレで詩をかけるなんて　すごいと思う！！
○かわった詩　おもいつかないような詩だった。よく考えたなあ。
○トイレ　変なかんじがするけど、こうちょう先生の詩を見ると、ちょーいいかんじです。もっと書いて下さい！おおえんしてます。きたいにこたえて下さいネ。

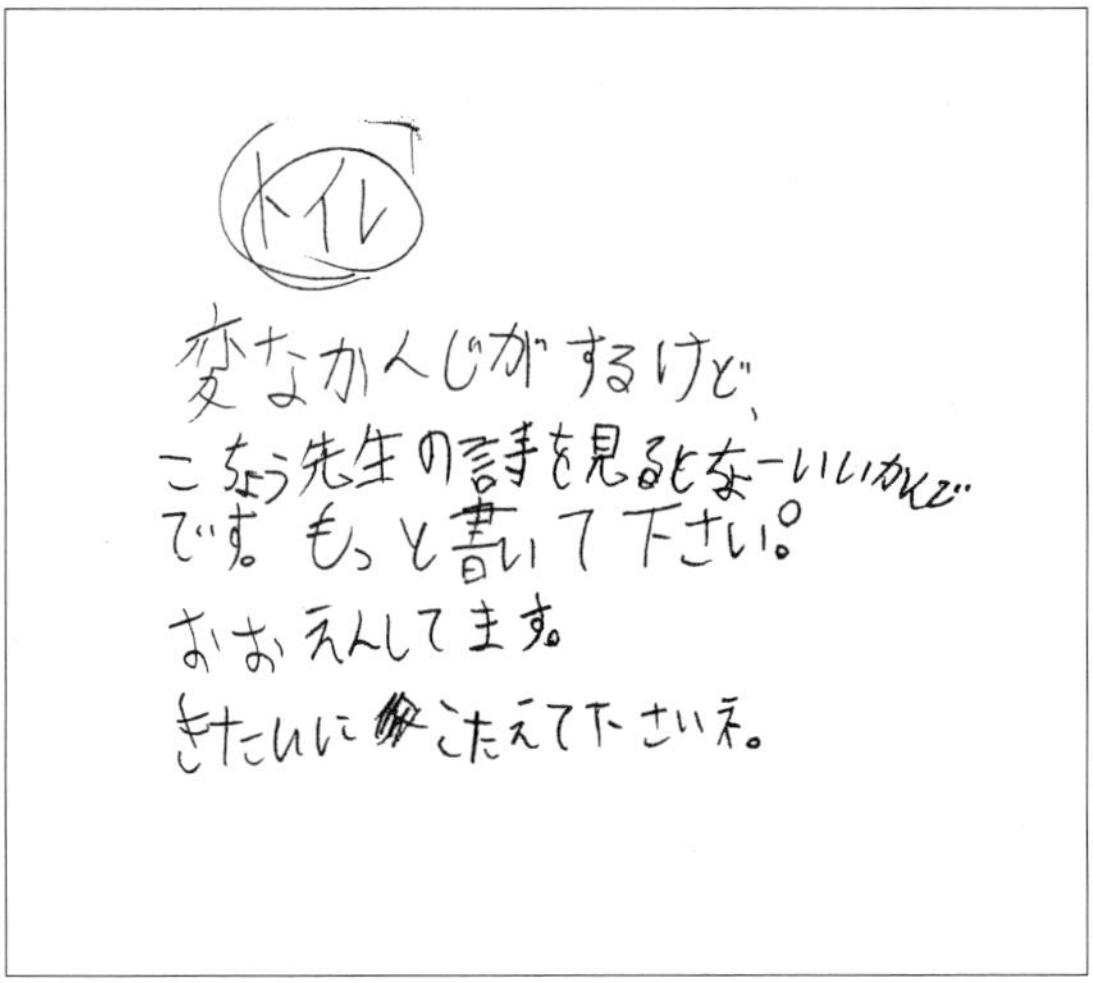

○わたしは、トイレをかくとはすごいと思って、また、12月たのしみにしています。
○トイレという題は、はじめてみました。トイレのあと準備かんりょうとかいてあったのもすごかったです。
（4年1組　山口真奈）

○「トイレ」という題がついていたので、びっくりしました。工夫してかいているので、上手だと思いました。私も「トイレ」でもちがうトイレの詩を作りたいです。じかいの詩も楽しみにしています。

（4—1　大庭ゆり）

⑥端的に書く子

○校長先生の詩だいすき（三の二　谷山こうし）
○とてもいいですネ　すばらしい♪
○上手です。
○とても良い詩だと思います。
○すごい　いい「し」だと思う
○すごいね
○上手で、おもしろい詩でした
○おもしろかった
○いつもすごいですね
○いい詩だろう!!

○トイレはいいです。私も、読んで、感動しました。俳句もまた書いてね。
○とてもおもしろい詩だった
○ｖｅｒｙ（上手）です
○かんどうしちゃいました。
○すごいじょうずな詩ですね！トイレってちょーいいかんじ！
○スリッパとんでたら　はけないよ。
○この詩は、最高です。
○いいしですね（4―1　お上ともき）
○○○○は、「やさしいしだよ」といってました。
○ひさしぶりっ　卒業生です　詩、スゴいですね　これからもがんばって　かいて下さいよ
（卒業生カラ　11月30にち）
○よかった（日進中一　坂上）

⑦労をねぎらう子

○こうちょうせんせいへ　いつもふでで、ながいおはなしを書いて、しょくいんしつのよこで、はっぴょうし

て、はずかしくないの?名前はふうです。いつもおしごとがんばっているね。これからもよろしくおねがいします。
○こうちょうせんせいへ　いつもながいおはなしをしてよくわかるようにおはなしをしてくれてありがとうございます。これからもよろしくおねがいします。
○こうちょうせんせいへ　いつもながいぶんをかいてすごいね。よみがなまでかいてくれてありがとう。よみやすいよ。それに、パッパカ　クルン　トンのところがおもしろいね。だって、かっぱがおどっているみたいだから。

⑥その他

○こんだんの手紙にいっぱいかいてください。(あつめています。)すてきですね。2つずつかいてね。
○こんだんのてがみに100こかいてください。えーん。
○身を守るため　ほごしょくをしているのがわかりました。
○どうして　よみがな(ルビ)を入れるトコ○とちがうところがあるのでしょーか。
○幼虫は天てきがいっぱいいる。
○あゆみは、こうちょうせんせいのことが好きです。

○めっちゃさむいです。かぜをひかないでネ。
○なわとび（二重）をおしえて（あわ　まりな）
○ふうちゃんが、あかちゃんになりました。

(2) 十一月の詩② 「秋」（三田小学校）
二〇〇六年十一月の詩です。

秋

武西良和

秋は木に実をつける

柿の木には
赤い実を
レモンの木には

黄色い実を
ザクロの木にはぎっしりつまった
赤いダイヤを

自然は山に
色をふりまき
風を吹かせて色を
吹きつける

野山をわたる風に色がついたとき
秋は山をおりて
歩く人の心の中に
そっと
あたたかく
入っていく

子どもたちの感想

①共感する子

○きれいな風景が目に見えるみたいな詩でした。また、次も楽しみです。
○秋には、かきのみや赤みをつけるんだなと思いました。とても自然があるんだなと思いました。
○秋っていうかんじがして　いい詩ですね〜。
○秋のこととしぜんのことがいいなあと思いました
○詩ってすごく　いいですね（4年の和田○○より）

②詩の表現に共感する子

○「自然は山に色をふりまき　風をふかせて色を吹きつける」という所が一番いいです。

③次の詩を希望する子

○校長先生へ　校長先生　ぜっこうちょうですね。詩をこれからもかいてください。詩をわすれないで！

○11月の詩とってもよかった。秋らしい感じがします。12月は冬だったらいいです。

（4年生の2人より）

④実生活に考え応用する子

○「赤いダイヤ」食べたことがありますよ。おいしいですよね。「赤い実」家で熟しています。秋はいいです。次回も楽しみです。（6—2）

○秋はいろいろあって　たのしい！きせつ　どっちかとゆうと　すきやなあ！

○自然って言う字　すごいべんきょうにつかえました。（4年生）

○詩にザクロが出てきたのでたべたくなる。

⑤端的に書く子

○たのしいと思う。

○秋　色々な木の自然の事がかいている詩でいい詩と思いました。

○いつもいい詩をありがとう（6—2）

○いいしでした　これからもつくってください

○きせつごとにあっておもしろい

○秋の詩　とてもよかったです。世界で一つです。すごーい。（4年生より）

○なんか秋って感じですネ。（6—3　和田は）

○たのしかった。またかいてね

○すごく秋っぽいかんじがしていい　詩だと思います。

○たのしい

○おいしいなあ

○いい詩だと思いました。

○とてもいいしです

○べんきょうがむずかしい

○とてもいいしだと思った

○とてもいい詩だと思いました。十二月の詩が楽しみです。

○しをよむのが　楽しかった。

○楽しい詩だと思った！（6—1　ゆかり　かなこ　6—3　ちあき）

○こんな詩を書けるのが　すごいと思った。

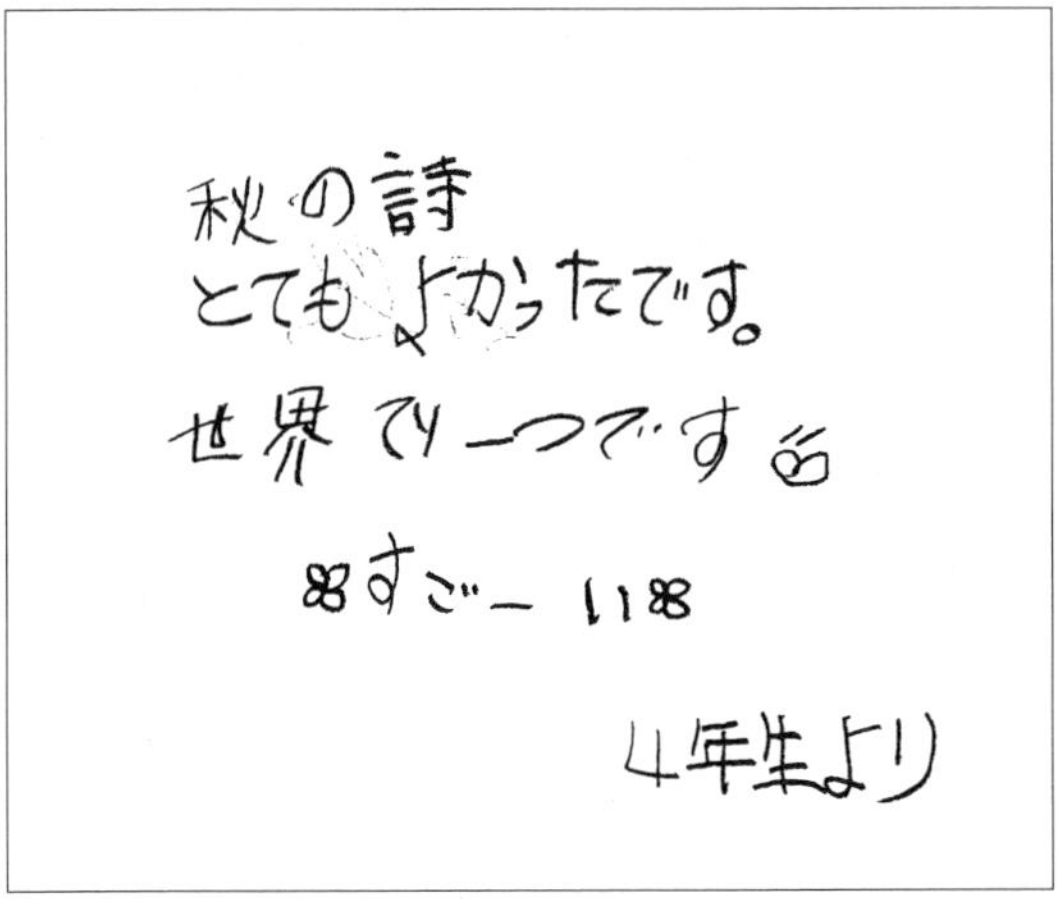
秋の詩
とてもよかったです。
世界で一つです
すごーい
4年生より

⑥その他

○赤いダイヤなんてなんの名前?
○がんばれ
○こうちょう先生へ　まい朝元気に「おはようございます。」ていってくれてありがとう。(きた原　かなより)
○こうちょう先生　まえまで道を　がんばって歩いて　パトロールをしてくれてありがとう。(北原かなより)
○こうちょう先生へ　こうちょう先生はやさしいね　いつもげんきだね　ありがとう(二年　わだ　ももか)

(3)十一月の詩③「秋」(有功東小学校)

二〇〇五年十一月の詩です。

秋　　武西良和

秋はとってもむずかしい

はやく来てねとさそわれても
夏がいるうちは
あつかましいとためらってしまう
でも　夏は急に
だまっていなくなるので
秋は自分の出番が分からない

やっと秋だと安心して
草や木の葉が
色づいていくのをながめていると
冬が
きみ　もう行かないといけないよ
と注意してくれる

秋は

夏と冬の間で
いつもしんぱい顔だ

詩はいつも、子どもの中にあります。どんな風景を詩にしようとしても、そこには、いつも子どもが入ってくるのです。それほど子どもというのはすばやく行動するし、自分の活動の場がないか、いつも窺っているのです。

(4)十一月の詩④「ボール」(有功東小学校)

二〇〇四年十一月の詩です。

ボール
武西良和

ぐんぐんぐん
空高くのびていく
青色にすいこまれるように

このまま行って
星に
なるのだろうか

遠くでヤギが
メヘエエエエエーッ
と鳴いた

はっと
してふりかえった瞬間ボールは
その声につかまり
運動場に
まっさかさまに下りてきた
子どもたちの歓声の中ボールは

パシッ
とグローブにおさまった

子どもたちの感想

①詩に共感する子

○ボールのことがよく分かったし、ボールのかんじがしてとてもよかった。（友里子）
○きもちいいかんじです。（S・F）

②疑問・質問を書く子

○さいごのグローブってことは、ボールはやきゅうボール？とても上手な詩でした。（美桜）
○そのボールは、きれいな星になりたかったのかな？でも、グローブのもとにもどった。なんでだろう。きっとまたいつもみたいに、子どもたちの歓声や元気なえがお、それに、たいようできれいにひかるあせを見ていたかったんだと思います。（渚）

○ボールにはやわらかいのとかたいのがある。どっちのボールですか？（潤也）

③表現に共感する子

○だいはグローブのこと。わたしは、「グローブにおさまった」ということばがたいへんすきです。そのわけは、おさまったということばがすきなのです。また言ってみたいなあと思いました。（さやか）

④詩を書く子

○おちばきでいらな。
おちばは、まっか
てにそっくり
ておもしろいな
あそべるのかな
きでいらきでいらおもしろい
すてききでいらな

（だいめい　おちば　名前　るみ、さき、さやか、すずか）

○星は、きれいになっていくのだろう。
手作りのボールだとみんながあそんでくれるだろう。
空の青色はとてもきれい。
だが、くもにかくされてざんねん。
たぶんたいようがあるから。（沙季）

○　カンガルー
カンガルーって
おなかに
ながい
ポケット
にあってる。
ポケットのなかから
あかちゃんが

ひょっこりと
かおだして
わらっているよ。
かわいいね。（2・2　ゆうな）

○　おちば

おちば、
はっぱ、はっぱ
やまのこりすがひろったら
おもちゃのきっぷにするかしら。
やまの子ざるが拾ったら
100円にするかもね。（2・1　ちよみ）

○（だい）きんしょう　（名前　るみ）
おりんぴっくきんめだる
まるくておつきさまみたいに

まるいきんしょうきでいいよな。

○　おちば
はっぱぱ
たのしいな。
ゆうやけぞらがきれいだな。（2・1　かほ）

○　ぶどう
ぶどう　ぶどう
ぶどうのつぶつぶ
いっぱいいっぱい食べようね。
ぶどうのたねたね
ぶどうのたねたね
ぷっぷ　（2・1　ちよみ）

○いきいき

さわやか
おもいやり
いじわるやつもやっつけろ!
みんなともだち
有功東小学校は一ばんいいな。(2・2　ちよみ)

○かえるのぴょん
かえるはとぶのが大すきさ。
ケロケロケロ
いぼがえるだってゲロゲロゲロ(2・1　ちよみ)

⑤端的に書く子

○すごくいいしをありがとう。(裕理な)

⑥その他

○私は五七五の詩みたいなのはかけるけど、こう長先生みたいなきれいな詩つくったことありません。
○いちょうの葉を見つけたよ。赤、黄、いろいろの葉を発見したよ。（3―2　美月）
○私は、詩をかくより、うたをうたうのが好きです。でも校長先生の詩は、大好きです。（小倉）
○はるはぽかぽか　あたらしい一年生のにゅうがくしき。（2年1組　ゆうな）
○こどもたちは、たぶんみんなとあそびたいのだろう。（さき）
○お花ってきれいだね。へやの中にかざるといいかおり。（2―2　ゆうな）
○今日、くるときのら犬がいました。（ゆうな）
○十二がつはさむい。さんたくろうすがくる日。（えつこ）
○なかにわは、なんでこうじをしているのですか。（2年1組　ゆうな）
○金子みすずの「わたしと小鳥とすずと」の詩を「みんなちがってみんないい……」と写している子がいました。

Ⅳ　冬の詩

1　十二月の詩

(1) 十二月の詩①「冬」(三田小学校)

二〇〇七年十二月の詩です。

冬

武西良和

きれいに掃除された
玄関
子どもたちが見えなくなった時
桜の葉が
一枚
誰にも気づかれないように

落ちてきた
ヒラヒラヒーラヒラ

夏と
汗をかいて遊び
秋と
詩を語っていた葉が
とつぜん根本から
ポロリ
と離され
あかく落ちてきた

やがて葉をすべて落とし
冬は冬で
学校を満タンにするだろう

子どもたちの感想

①共感する子

○すごい
○いい詩ですね。（4―1　小川）
○しずかでゆっくりなかんじがつたわってくる詩だと思います。（天木陽介）
○ほんまに12月の詩ですね。
○よかった。
○冬のし　いいですね。（尾上　ともき）

②オノマトペに着目する子

○「ヒラヒラ」している所がおもしろいっす。

③その他

○「武西」という名前が良い。
○冬。夏は暑いけど、冬は寒い。秋はすずしい。さくらの葉から緑の葉になっていく。
○こうちょう先生をやめないでくださいね！あかねより。

④卒業生が書く

○12／17　今日は、三田小に来ました。私達の時より　にぎやかで楽しそうになっていました。校長先生も、おもしろくて最高です。他の先生方も　これからもがんばって下さい！三田小最高！（日進中2年生）
○校長先生　元気で！
○昔より校長先生が元気になって、とても明るいと思った。今の校長先生やったら　三田小学校にいてたらめちゃ楽しい学校やったと思う。（日進中2年生？）

（2）十二月の詩②「冬」（三田小学校）

二〇〇六年十二月の詩は次のようなものでした。今年最後の詩だが、寒さも手伝ってか、校長室の前に来る子どもの数が減ってきています。

冬

武西良和

川の
水音に
ピロピロピロと
冬が来た

田んぼ
の切り株に
ツンツンツンと
冬が来た

運動場で子どもたちが

遊んでいる
なわとびやドッジボールで
冬は子どもたちと
遊びたくて
ぴゅうぴゅうぴゅうと
走りまわっている
太陽が雲間から
にこっ
と顔を出した

子どもたちの感想

感想は次のようでした。

①共感する子

○12月の詩よかった。
○こうちょうせんせいへ　まぶしいね。
○毎月、すごく、いい、詩を書いてますね
○世界一の詩
○上手
○こうちょうせんせいへ　「にこっ」とかおがでた、ところです。いつもありがとう。

②その他

○いつも、せんせいたち、みまもってくれて　ありがとう。
○校ちょうせんせいへ　いあんより（1ねん1くみより）

○校長先生　なわとび上手ですね
○こうちょうせんせいへ
○こうちょうせんせい　ぜっこうちょう
○ミラクル　リーフ　みたよ。すごかった
○こうちょうせんせいへ　いつもみまもってくれて　ありがとう。（いあん　より）
○一ねん一くみより　すみざわゆうせいより

来年、平成十九年一月はさらに寒くなるので、詩の読者も減るでしょう。だが、それでも、感想を書く子どもというのは、どんな子どもなのだろうと思うのです。

(3) 十二月の詩③「冬」（有功東小学校）

二〇〇五年十二月の詩です。

冬

武西良和

冬はきらわれる
寒いから

けれど　だれでも
冬を
もっているのだ自分のなかに
それに気づいて
冬を
だいじにしようと思い始めるとき
冬は
もういやがられる冬ではない

そして自分のなかにある
冬
だけでなく

友だちのなかにある
冬も
だきしめてあたためてやろうと
思ってしまう

子どもたちの感想

この詩を読んで、詩や言葉を書いてくれた子がいます。

○ 3年風組 あやの
青い空に1つの雲がういている。
今日は、なに一つないそら。

○ 3年風組 葵
青いそらにひつじ雲
かほ
今日も一日がんばるぞ

○ 3年風組 かほ
いま生きているのは、あたりまえ

でも、もう命がもたない人もいる
だから、命をそまつにしない

○　3年風組　あやの
森の中　木ばっかりだった
葵　ゆきがつもって
足音がゆきの音

このように触発されて、詩を書いてもらえるのはうれしい。

(4)　十二月の詩④「冬」(有功東小学校)

二〇〇四年十二月の詩です。

冬

武西良和

学校はちぢこまっていた

寒くて
きのう夕方から
子どもたちと別れて
一晩中ずっと
さみしかったのだ

朝日が東から
ササーッ
と差し込みはじめたとき目が
くらくらっとして
さみしさは
どこかへ行ってしまった

門を開ける音がひびき
子どもたちの元気な足音が聞こえてきた

学校はにっこりした
どこかへ行っていたさみしさも
その声を聞きつけて
そっと
金網から中をのぞいている

子どもたちの感想

この詩を読んで、感想が寄せられていました。

①詩の表現に共感する子

○詩を見ていると、元気付けられるような気がします。「学校はにっこりした」という文章がとくにいい文章かな？（6の2　香里）

○校長先生の言っていることは、すごくわかりました。学校がちぢこまっているということは、がっこうの生

とたちがさむくてちぢこまっていると思います。（3年2組　未奈）

○「冬」というだい名は、すごくすてきです。ちぢこまっている事は、学校全体がさむいのか生とがいないのでさびしいのかがわかりました。（3年2組　玲奈）

②詩に共感する子

○学校はきっと子どもたちのえがおが大好きなんだと思います。でも、子どもたちがいなくなって、しずかになったので、子どもたちがえがおで走りまわったりしていたら、冬でもさむくないけど、子どもたちが帰ってしまってしずかになって、みんなの元気なあたたかいえがおのぬくもりがなくて、さむくなってしまったんだと思います。子どもたちと学校は、大切な友達です。なので、友達がいなくなってさみしかったんだと思います。（5の2　渚）

2　一月の詩

（1）一月の詩①「新年」（三田小学校）

二〇〇八年一月の詩です。

新年

武西良和

あっ
ああっと
驚いてみよう
すべてのものに

きのうと同じものなど
どこにもない

あの太陽の日差しも
雲の大きさも
この川の流れも

さっきと同じものは
どこにもない
友達の表情も
ぼくの考えていることも
ぼくの声も
みんな新しいものになっていく

そのことに驚いてみよう
新しい
自分に出会ってみよう

子どもたちの感想

①継続している子

○校長先生は詩が上手ですね！いつも見ています。二月の詩も楽しみにしています！（4—1　中井仁）

このように、詩を心待ちにしていて、いつも読んでもらえるのは嬉しい。

②詩に浸る子

○新しい自分ってすてきだな。
○新年だなと思って、この詩はいいなと思った。（4・2　永山実咲）

共感する子と似ていますが、自分の中に、詩を取り入れて大事にしてくれているように感じます。

③感謝する子

○先生へ　いつも上手な詩をかいてくれてありがとうございます。3学期もよろしくおねがいします。

書いた意図がはっきりと伝わります。

④詩を書く子

○わたしも　しをかいてみました。

ゆき

小さい　つぶ
くもからおちてきた。
まっしろい面になって
ゆきになった。
ゆきだるまをつくろう
ゆきうさぎも……

○　冬

こんにちは、
ぼくは冬です。
みんな寒いよ
と言っているけど

ぼくのせいじゃないよ……

私の詩を参考に、あるいは私の詩に触れて、書いてみようという意欲が出ている姿に出会うのは嬉しい。

⑤詩を理解しようとする子

○毎日がそれぞれかわってるということ。そういう事に出あうのがすばらしいことが、わかった。

詩の内容を理解しようとしてじっと読み、そのことを書いてくれているのが嬉しい。

⑥端的に共感する子

○すごい
○上手ですね。
○一年って早いと思った。
○毎月、毎月、良い「詩」を書いていますね。
○いい「し」ですねー。

寒い時に、そっと書く。その姿が嬉しい。

⑦その他

○いつも、やさしいね。やさしい三田小学校でよかった。（3・1　小引あいり）

○寒くなって来た。

○こうちょう先生へ　5－2です。6年生になったらみなかた先生にしてください

○もんだい

　こうちょうせんせいはなんさい？

　□さい

（三年2くみの4人より）

○こうちょうせんせいにとって　いいとしになれそうですね（5・2）

（2）一月の詩②「新年」（三田小学校）

二〇〇七年一月の詩は、次のようなものでした。寒さも倍加しているが、校長室の前に来る子どもの姿は頼もしい気がしています。

新年

武西良和

新年
はどこで生まれるか

初夢
のなかで生まれるか
まぶしく輝く
朝陽のなかで生まれるか

いや
森のなかで鳴く小鳥の
声はすでに
新年

かもしれないし
あの青空も
新年
かもしれない

いえ　それよりも何よりも
君たちが歩むこと
その始まりの一歩こそ
新年

子どもたちの感想

①共鳴する子

○よくできました。

○楽しい　おもしろい
○すごくうまい詩ですね！
○こうちょうせんせいへ　こうちょうせんせいのへやのちかくのあのかみ　じょうずにかいていたよ　じょうずにかいていたから　わたしは、びっくりしました。
（1ねん1くみ　やましたいあんより）
○すごいなー
○感動した
○こうちょうせんせいへ　あ・こ・が・れ　しちゃ～う！すごーい
○こうちょう先生へ　あこがれしちゃう
（やました　いあん　一年せいより）
○すごくいい詩ですね！これから1年　どんな年になるかな！？いい年になるといいですね！
○あけましておめでとうございます！私たちは歩みました　だから新年がうまれ、始まったのですね。ありがとうございました。

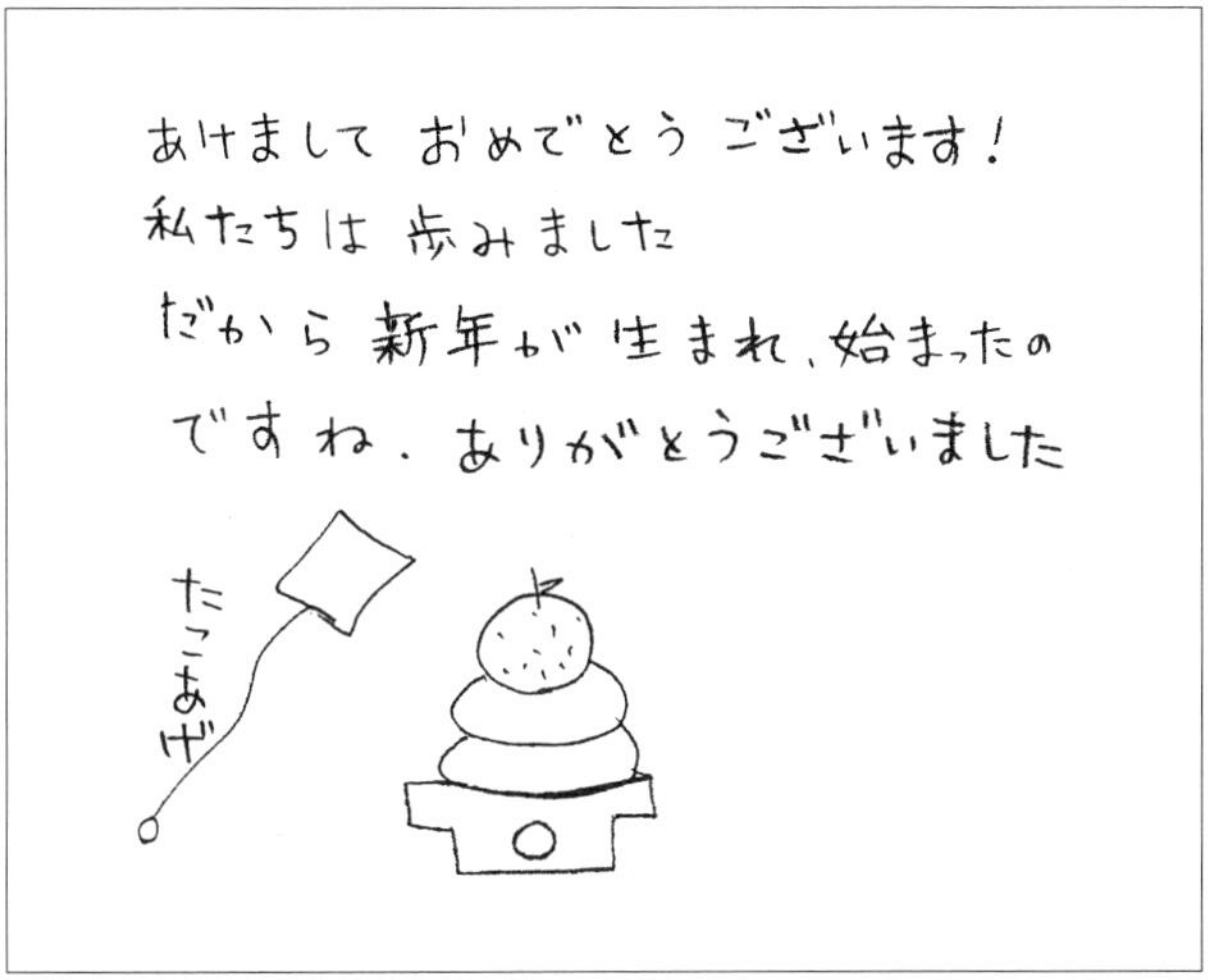

②次の詩を期待する子

○校長先生　あけましておめでとうございます。今年の詩は新年ですね。もっとおもしろくていい「し」をまってます。これからもがんばってください。
○新年という詩　いい詩ですネ　つぎはどんなんかなあ

次の詩に期待する、次の詩も期待する?子どもはその二つの間を揺れているのかもしれない。

③その他

○良い詩
○こうちょうせんせい　いつもありがとう（たぶん毎朝、校区を歩いて見回っているので）
○いつもげんきで!（1年1くみ　大谷栞奈）
○新年　先生　ごくろうさん　ことしもよろしく
○こうちょうせんせい　ぜっこうちょう
○こーちょーせんせい
○なつ休みはたのしかったです。

○きょうは、はま川あいかちゃんとほかのことおいかけにいきました。
（1年2くみと1年1くみ　山下いあん　あらいあやのより）

友達と一緒に書いている姿もいいものです。

（3）一月の詩③「二〇〇六年」（有功東小学校）

二〇〇六年一月の詩です。

二〇〇六年

武西良和

今どこを
新しくしたいのか
年が変わるだけが
新年ではない

新しい気分の友だちがここにも
あそこにも
新しい顔でいる
こんな教室こそ新しい
年にふさわしい
表情も考え方も
声さえ新しい
そんな新年の教室にしていこう
ひとりひとりが新年でありたいと思う
信念こそ
新年の始まり

ああ　今日の朝日は
新しい輝き
を放っている

この詩を書く時、おそらく私は石垣りんさんの「表札」をどこかで思い浮かべていたような気がしています。

（4）一月の詩④「初夢」（有功東小学校）

二〇〇五年一月の詩です。

初夢

武西良和

明日の
楽しみを抱いて眠った夜
夢を見た

ドキッ　とする夢
ええっ　とおどろく夢
うわーっ　とよろこんだ夢
感動

のことばが夢の中でおどっている
感動のことばを
ざぶとん
にすわらせて話を聞こうとしたら
夢がさめた

朝陽が東の空に
キラリッと光って露の滴をつらぬいた
朝の寒さをつらぬいた

さあ　元気に飛び出そう
今　ぼくらは光だ

子どもたちの感想

○いろいろなゆめをたくさんかいていていいと思いました。元気が出るしでした。（はるか　可奈子　かなこ）

3　二月の詩

(1) 二月の詩①「梅」(三田小学校)

二〇〇八年二月の詩は次のような詩でした。寒さもあって、感想を書く子は少ない。掲示板の前を通っていても、振り向かない。寒さは大きなマイナスの力。

梅

武西良和

もわっ
もわっ
もわもわもわっ

冷たい空気のなか
枯れたと思っていた木の枝に

蕾がつき花が赤く
開きはじめた

赤い花の動きに気づき
あわてた白い花
モワッ
モワッ
モワモワモワッ

ボールを追って
走る
子どもたちの歓声に蕾は
赤白赤白と
あちこちで花びらを
広げていく

子どもたちの感想

ここでは子どもたちの感想を箱に入った順にそのまま載せてみました。分類してみるのとは違った、別の読みとりが生まれるかもしれません。

○豊かな詩で表じょうがわかりやすいと思いました。（2―2　さか上なな子）
○いみがわかりません。（4―1　山口りな）
○「モワッモッワッ」てゆーのがおもしろいと思います！（中学生？）
○モワッモッワッ　その発言　良いですね（日進中1年）
○こうちょうせんせい　がんばって（にっしん　1ねん）
○なんだか「もわっと」のところがなんかやさしそうです。それから、「花が赤く」が元気なようです。（堀田《ほった》岡本《おかもと》）
○もわもわっている表現のし方がおもしろくっていいと思います。（五年二組　雑賀史華《さいかふみか》）
○もわっもわっという表現が梅のさくころにきこえてきそうでした。そとのさむいなか梅ががんばってさきます。おうえんしそうです。木にさいた梅の花があとの梅にがんばってといっている感じです。（5―2　奥野梨華）
○子ども達の歓声が入っているのが良い。梅だなあて思う（5―2　岡本望玖）

○わたしは梅と言う名前なので、この詩にとてもかんどうし、（もわもわもわっ）と言うのが心にひびきました。（うめより）

○赤や白の梅が、鳴らない音（もわ）がなっているようすがいい。（5―2　刀根志織）

○こうちょう先生のつくったしをみて、もう春がきたかんじでした。（2―1　合しじゅんな）

○モワッモワッのところが、すごく、にあっていると思います。（かわしまさやか）

○梅のもわっもわっというかんじが伝わってくる。（5―2　刀根志織）

○この花、造花でしょう?ばれてますよ。でも、本物だと、かれてしまいますものね……。

○「もわっもわっ」の所がなんだかとってもやさしいきもちになります。「つぼみがつき花が赤く」の所がみな命があるんだと思いました。（4年2組　堀田小雪）

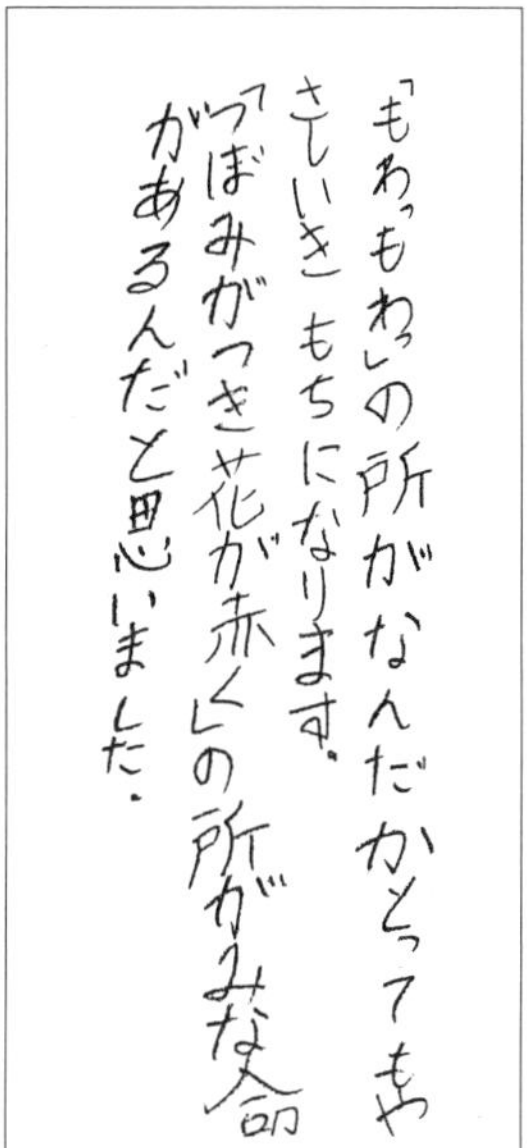
「もわっもわっ」の所がなんだかとってもやさしいき」もちになります。「つぼみがつき花が赤く」の所がみな命があるんだと思いました。

○やっほー☆校長先生、お久しぶり

今にっしん生やでぇー!きょねんのそつぎょうせいなんよお　ちなみにNAMEわ、和田はるな&小川ゆめおぼえてよお　さよーならーまたきますよ

○どんどん花がさいていっている様子が頭にうかんで、もう春だなぁ。と思いました。もわもわっていう表現

がおもしろいです。（5年2組　雑賀史華）
○同じ言葉をくり返していて、リズムかんがあるなと思いました。
○しぜんやかんきょうをえがいたしですね。しぜんやかんきょうの力をものすごくかんじます。（しみず　なみ）
○赤い花のうごきに気がついた白い花モワッモワッっというようすがものすごくおもしろい。

（2―1　やす本いぶき）

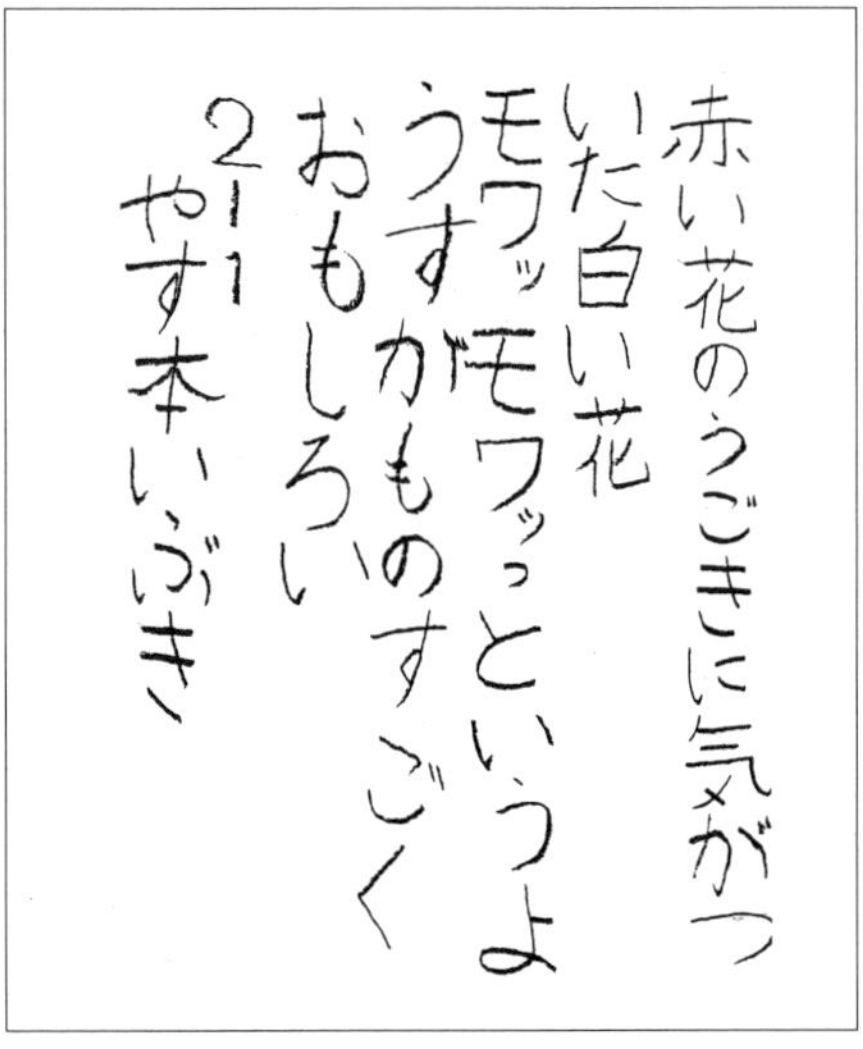

○春はいいですね。（4年2組）
○やさしそうな気分になりました。（3―1　堀内ひびき）
○いつも詩をありがとう（3年一組　いながき　ゆかより）
○春がきた　ようす
○もう春が来たなあと思いました。
○いいですね。ぼくもこんな詩をかきたいです。
○こうちょう先生へ　ちょうど今、六年生をおくる会にむけて「つぼみ」を歌っているので、いいなーと思いました。このちょうしでがんばってくださいね。おうえんしています。
○毎月、きちんとよんでます！

○うめの木春からきれいにうめの木がさいてみんなみてる。（わけ　えりか）
○もわっもわっもわもわもわっというところのひょうげんがすごくでています。（2―1　いわもと　みく）
○梅の花のつぼみがさくといいなと思いました。
（2―1　山崎れな）
○もわっもわっと言うのが春のかんじがしました。そして、つぼみがつき花が赤くと言うところは、かおりのかんじがしました。（すみざわゆうせい　住澤勇生）
○赤白赤白とあちらこちらで花びらをひろげてゆく　の所がかわいくていいと思いました。
○水じゃないのね！
○春が近づいてきたような詩ですね。（大住介誠）
○かれたとおもっても、またさきましたね。
○もうすぐ　春になるということが　よく表れている「し」だと思った。
○いい「し」やなーと思った。（6―2　ともみ）

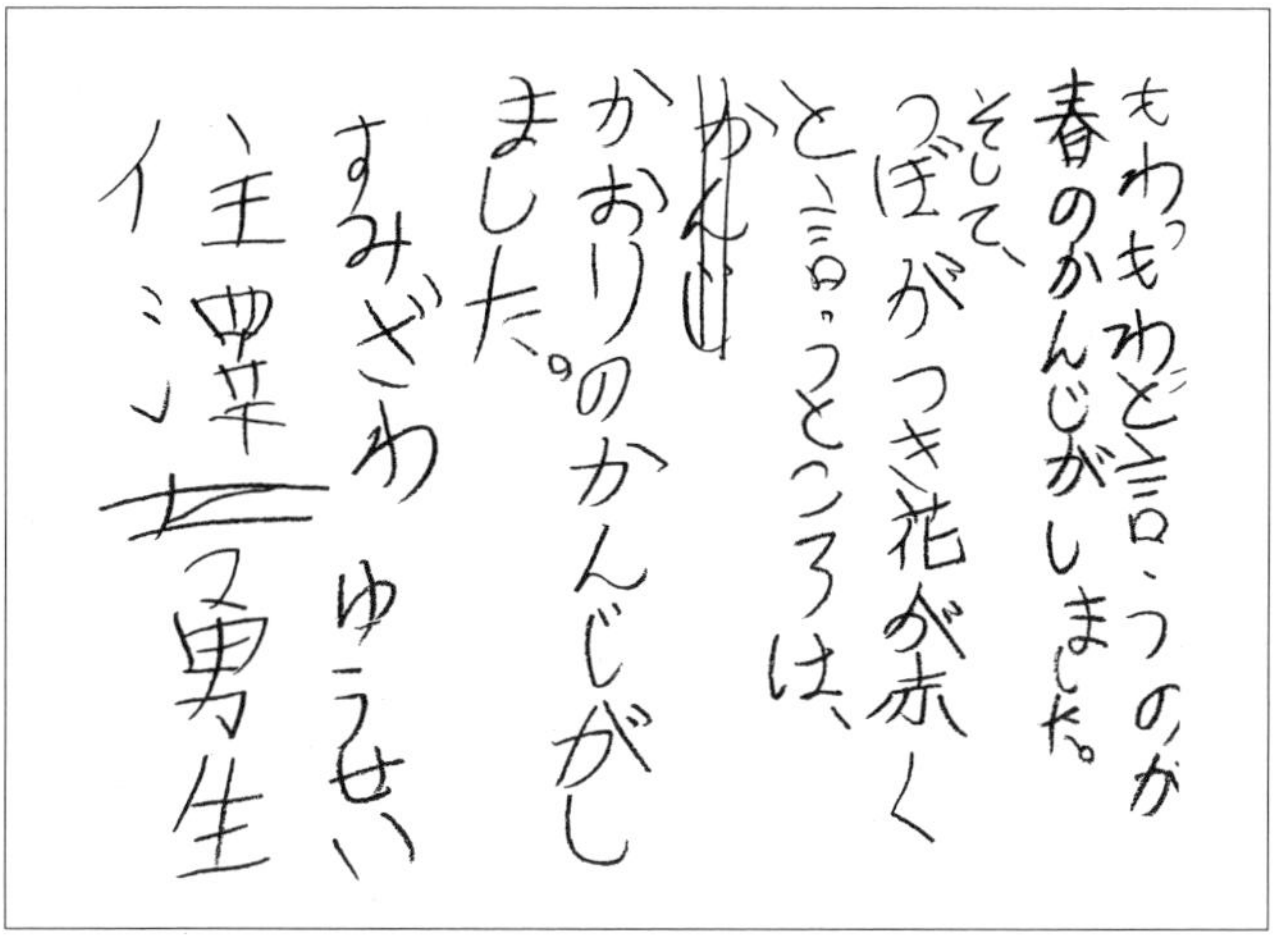
もわっもわと言うのが
春のかんじがしました。
そして、
つぼみがつき花が赤く
と言うところは、
かんじ
かおりのかんじがし
ました。
すみざわ　ゆうせい
住澤勇生

○あそびにきましたＷＷ　日進っす！モワッモワッって何すか？見てて笑いました。（三田小ＯＢ　日進中１）
○もわっもわっというこうか音は何ですか？おもしろいですネ　日進から来ました！

（２）二月の詩②「梅」（三田小学校）

二〇〇七年二月の詩です。

梅

武西良和

冬がまだ
腕組みをしてがんばっている
春は梅の枝にちょこんととまって
ハルガキタ
ハルガキタヨと

呼びかける

梅は
はっとして目を覚まし
そうだ
そろそろ咲く
準備をしないといけないね
とつぶやく

あちこちで
ソウダネ
ソウネ
とつぶやく声が聞こえ
蕾
はふっくらと

大きくなってきた

子どもたちの感想

ここでは、子どもたちの感想を共感するという視点から表現面と内容面、その他に分けてみました。その分類に、新しい発見が生まれるでしょうか。

①表現に共感する子

○梅が目をさまし　春の準備をする姿がとてもよく伝わってきて、冬が腕組みしているという表現はとてもおもしろいな。と思います。つぼみがふくらみ　花が咲くというのも春なんだなあと思いました。

○いつもすてきな詩でびっくりしました。表現がすごいいいいと思った。

○二月の詩　カタカナの所が　おもしろい！三月はどんな　詩をかいて　くれるかナ？

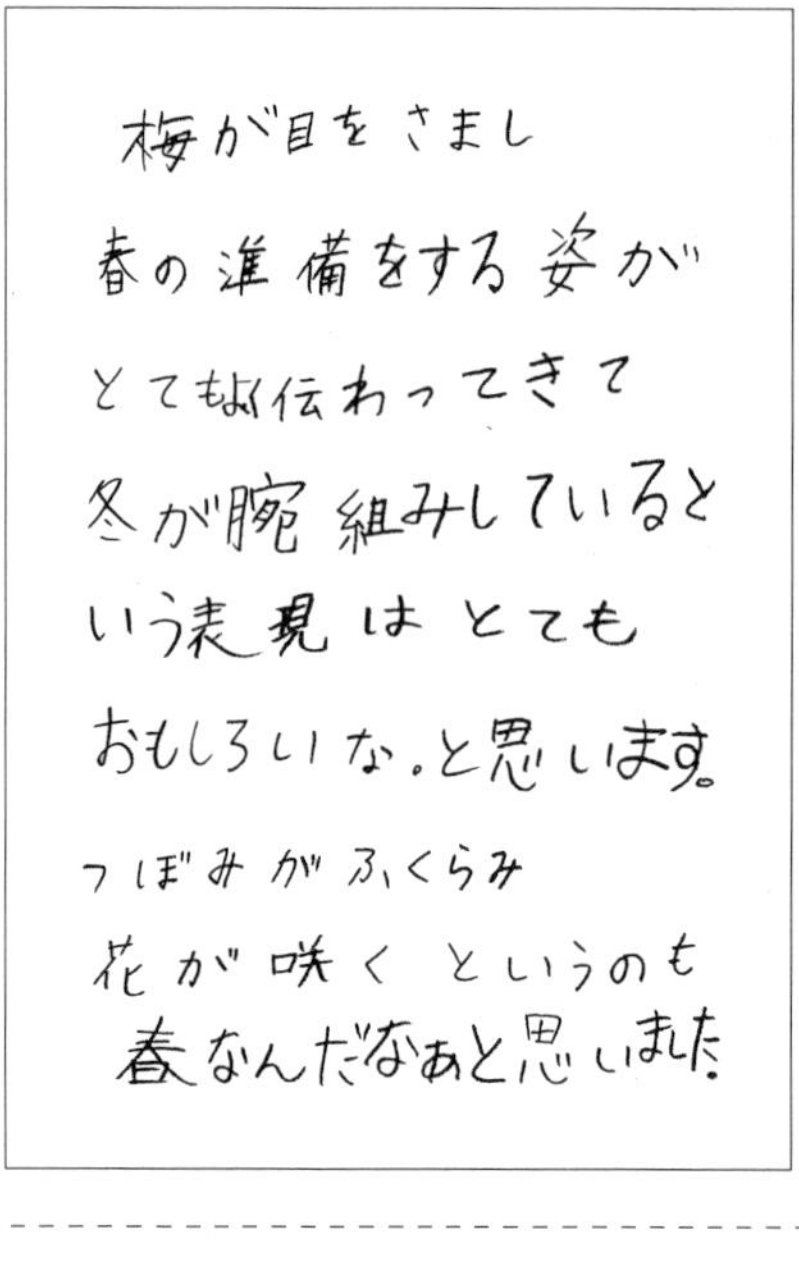
梅が目をさまし
春の準備をする姿が
とてもよく伝わってきて
冬が腕組みしていると
いう表現はとても
おもしろいな。と思います。
つぼみがふくらみ
花が咲くというのも
春なんだなあと思いました

②内容に共感する子

○いつも先生の詩はいい詩ですね。また、書いて下さい。

○「梅」という題はこの詩にぴったりだと思いました！春がくる合図を梅がしているのだと思っていたけど、春は梅に花を咲かせる合図をしていたんですね。先生の詩がもっと見たかったけど、もうすぐ卒業なので……本がほしいです……。

○きれいな詩ですね。自然が広い（勝浦まゆより）

○うまい

○感動しました。私は、梅が大好き。

○とっても上手ではるがくるまでをかいてる

○まいうー

○いつもいつもおせわになりました。てんこうします。

○よかったよ～

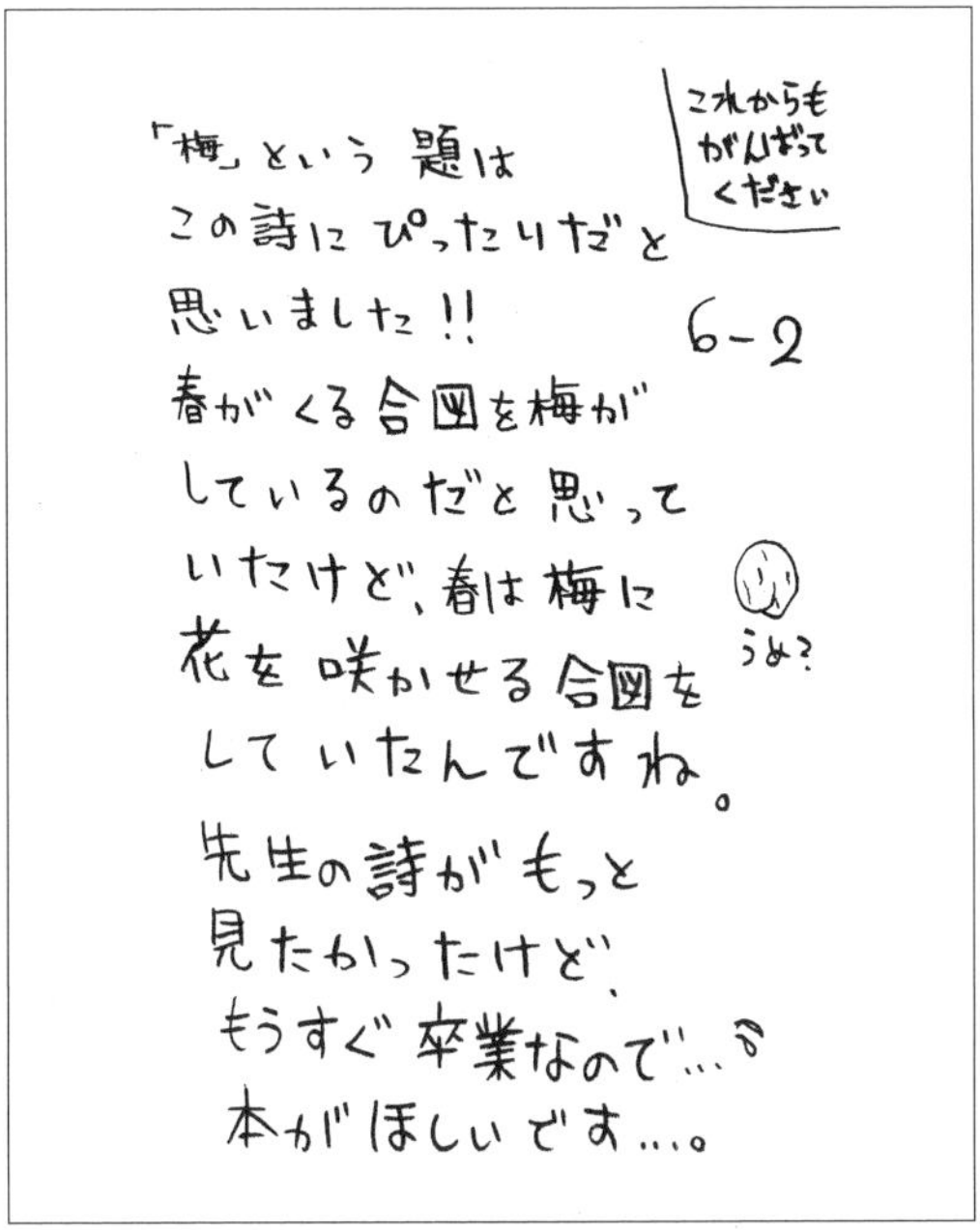

○もうすぐ春ですね……梅も桜もそろそろでしょうか。早く見たいです。「もう、咲く準備をしていますか??」って聞いてみたいです。「はい」って答えてくれるでしょうか……

○もうすぐ春だということが少し淋しく感じます。6年間ありがとう。

○詩　よかった……

○けっこう上手だネ〜まじ引く。上手だから引く。まじで。すごい「梅」って感じ〜

○すごく上手

○いい詩ですワ〜オホホ

○春の到来ですね。ほのぼのとした情景が浮かびまス。

○いつもありがとう。(りさより)

○すてき

○わたしは、梅が好きです。きれいですね。

○いつでも、みてみたら　感動しました。

○感動しました。

○いい詩だと思いました。毎月　楽しみです。三月はどんな詩なのかなあ?がんばって書いて下さい。たのしみにしています。

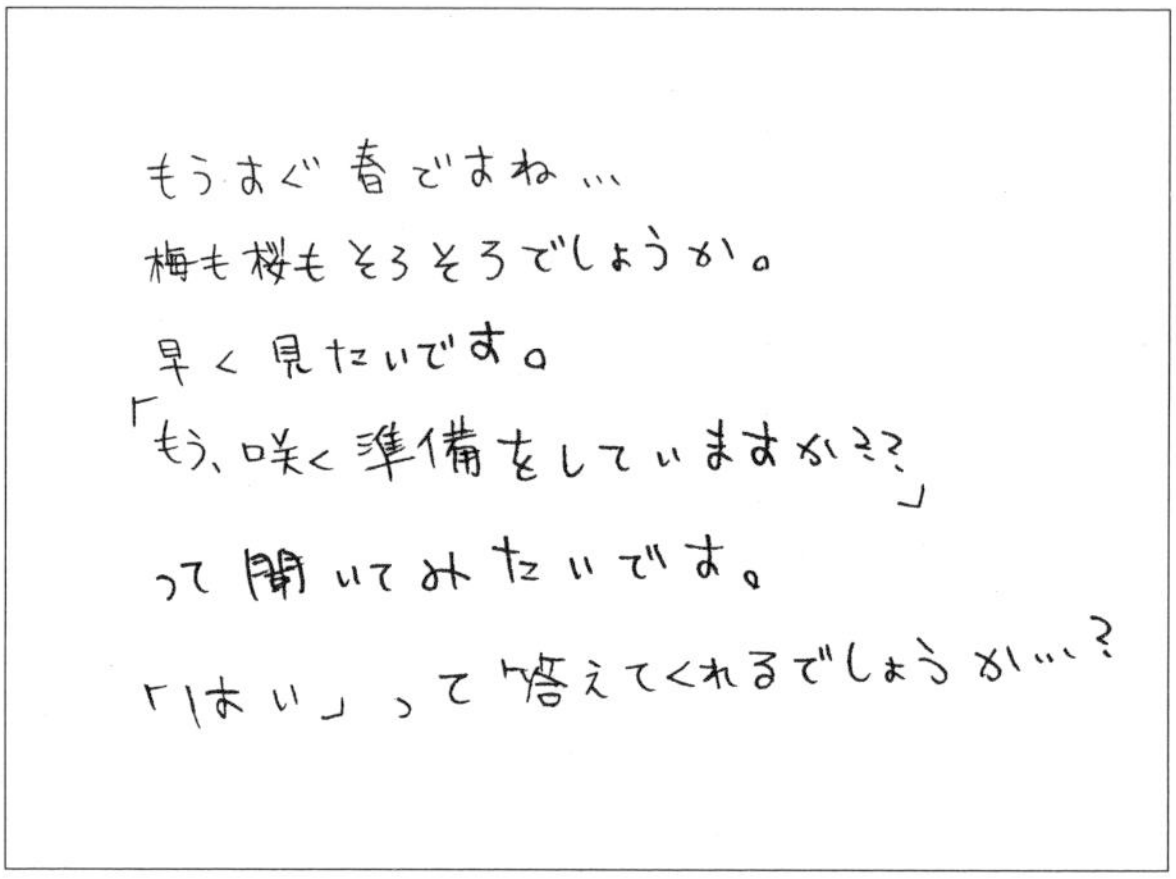
もうすぐ春ですね…
梅も桜もそろそろでしょうか。
早く見たいです。
「もう、咲く準備をしていますか??」
って聞いてみたいです。
「はい」って答えてくれるでしょうか…?

○このしを見て　春かあって思いました。次も　がんばって下さい。
○よかった。

③その他

○これからもがんばってください。
○いつも走ってきてくれてありがとう。（私は毎朝、校区の安全確認の意味から走って回っている）
○いつも走ってきてくれてアリガトウ！（○○）
○サンQ
○こうちょう先生　いつもありがとう（りょうへい）
○男のこにいやなことをいわれた　いやだった　（黒岩み月）
○こうちょう先生へ　やさしいね（のりみ　2—2）
○こうちょう先生　やさしいね
○じてん車
○こうちょうせんせい　ぜっこうちょう
○ダイナマイト　じてん車

○ダイナまいと
○ダイナマイト
○こうちょう先生　ぜっこうちょう　なわとびじょうずだね　わたしもなわとびの　にじゅうとび　じょうずだよ。（山下いあんより　1年1くみ）

（3）二月の詩③「二月」（有功東小学校）

二〇〇六年二月の詩です。

二月

武西良和

本当の
寒さはいつも
ずれてやってきます
悲しい時に

涙があとからやってくるように
でも　本当の寒さのころには
みんな寒さになれてしまって
寒くはないのです

池に氷がはったって
畑に霜がおりたって
毎日見て
さわって
なれていくのです

寒さって
本当はそれほど
寒くはないいんだね

寒さに親しもうとすれば

子どもの感想

○「二月」を読んで　本当のさむさとなみだが後からくるのと同じだなあ～。なんて（3の光　優菜）

（4）二月の詩④「なわとび」（有功東小学校）

二〇〇五年二月の詩です。

なわとび　　武西良和

なわとび
ぴょん

ぴょんぴょん　ぴよーん
なわが回ってくるたびにわたしは
空中
さんぽする
なわが回ってくるたびにわたしは
宇宙
へあこがれる
なわが回ってくるたびにわたしは
わたしを飛び超えて
別のわたしが
ぽんぽんぽんと運動場に
はずんでる

子どもの感想

○私は、前まで詩には、興味がありませんでした。でも、なぜか分からないけど、「校長先生の詩を見てみよう!」という気持ちになりました。私は、昼の放送担当なので、毎日、校長先生の詩を読んでいます。前まで詩に興味をもたなかった私が……。今では、とても好きになりました。これからも先生の詩。楽しみにしてます。(6―3　東)

詩に興味を持たなかった子が、詩に関心をもってくれる。それは書き手としてとても嬉しいことです。

V 別れの詩

1　卒業生に贈ることば

二〇〇八年の卒業生に贈ることばとして、次の詩を書きました。これは校長室前の掲示板ではなく、卒業アルバムにのせた詩です。

手

武西良和

そっと自分の両手を見てみよう

あなたが生まれたとき
あなたの両手は握られていた
母から生まれるとき大事なものを手放さないように
ぐっと握って生まれてきたのだ

だが　その手の力は弱々しかった

あなたの手はだんだんに
握れなかったものが握れるようになり
もてなかった重いものが持てるようになり
あなたの手は大きく強く逞しくなってきた

その手に感謝しよう
そして　あなたを育ててきてくれた
お父さんお母さんに
あるいはあなたのまわりの人たちにも

あなたは確かに自分の力で
自分の手を大きく強く逞しくしてきた

だが　それを応援してくれている人たちがいることを
思い出そう
そして　その人たちに感謝しよう

あなたの握った手を広げてみよう
そこにあなたの今まで握ってきたものの歴史がある
その歴史の中にあなたは入っていって
自分の歴史をいつでもさまようことができる

小さい頃　ボールを握ろうとして握れなくて
そっと持たしてもらった大きな手のあたたかさ
幼い頃　鉄棒を握ろうとして握らせてもらった
逞しい手の感触
汗をかいた時そっと拭いてくれた大きな手
高く高くと抱き上げてくれた強い手

あなたの手の成長を促してくれた多くの手の
歴史をあなたは知ることができる

ときどき手を広げ　握り
自分の手の成長を確かめてほしい

2　三月の詩

(1) 三月の詩① 「窓」(三田小学校)

二〇〇八年三月の詩として校長室前の掲示板には、次の詩を書きました。この詩は校長として掲示する最後の詩になりました。

窓

武西良和

カギをゆるめて
寒さで閉まっていた窓を
開けよう
固くなっていた窓を
開けよう

開け放たれた
窓からは
さわやかな風が入り
まぶしい光が
差し込んでくる

ああ
こんなにも外の世界は
大きく
気持ちよかったのか
ぼくらは肩に
翼を感じる

さあ　飛びだそう
この大空へ

子どもたちの感想

ここでは、詩について感想を書く子と詩を書く子の二種類に分けてみました。これまでのさまざまな分け方がよかったのかどうか。最小の分類にしてみました。

①感想を書く子

○大空にとんでいるかんじがしました。（2—1　合しじゅんな）
○まどの中が小学校みたいで、まどに飛びたったら中学校みたいで、六年生が中学校に前にすすんでいくようになっているしだと思いました。（岡本茉子）
○三月の詩　2年1組　山さきレナ　さわやかな風がきもちよく外の世界があらわれています。
○「窓」と言う詩は私も好きです。全体的に好きなので、この詩は大好きです。一番好きな所は、「さあ飛びたとう　この大空に」が大好きです。これからもがんばってくださいね。（五年二組　まゆより）
○詩を読むと楽しくなる。がんばってください！（5年　齋藤桃花）
○「まどあけて大空へ飛びたつ」の「まどをあける」だけで世界がかわるみたいなかんじで良かった。「風が入り　光が差しこむ」良い詩だなあ。私はこの詩を読んで大好きになりました。（5年2組　岡本望玖）
○まどを開けよー！
○「この詩を読んで……」寒い冬でも外に出る気がしてきます。これからも詩をがんばってください！

（5年　齋藤桃花）

○しめきっている、家のまどをあけようと思います。（古田　光）
○外はさむいけど　こんな詩を聞くと、外に出たくなりました。（古田　光）
○冬がきたような詩ですね。
○私もかきたいと思いました。
○「まど」という詩は良い詩で、家族でよみました。（5年3組　森　未佑紀）
○いい文をかいたとおもって、私は、すごいな　私も、かいてみたいなあーとおもいます。わたしのすきな文は、この大空に　というところです。（小引あいり）
○すごくおきにいりなので、すごくいいなと思いますした。さむさにまけずっていうところがいいなーと思います。すごくきれいです。
○じょうずですね。
○ものすごく大きなしぜんをかんじます。
○すごいです　ぼくは、好きです、このしはかんどうする
○卒業する人たちにおくる詩みたいで　とてもいい詩だと思う。（6—2　阪上瑞姫）
○カッコイイ
○上手ですね！どうやってこんな上手なしがかけるのですか？（5—3　東山あゆみ）

○ものすごくいいしですね。
○かっこいい。
○いいですね。私はこういう詩が好きです。（五―三　古川ゆめ）
○いい詩ですね。私もこんな良い詩を書きたいです　どういうことを想像してかくのかおしえて下さい。
（五―三　古川ゆめ）
○武西良和　と言う名前がいいと思いました。
○まどの詩は、とても、おもしろい詩ですね。私も、こういう詩を書きたいです。こんな長い詩を書くには、どうやって書けばいいですか？（五―三　阿波麻里菜）
○何かの始まりみたいで　とても良い。
○この詩は、ふだん使っているまどをへんかして書いているので、とてもびっくりしました。とても良い詩でした。また、おしえてください。（5―3　東山あゆみ）
○いい詩だと思いました。（岡本みく　岡本まこ）
○校長先生と教頭先生は何才ですか？もしかして100才!?（大畑りょうが）
○どこかの空にとびだすようです。（4―1
○いつもいい詩をありがとうございます。（とりぶち　きりぶち　池上たくや）
○このしは、なにかのできごとかな？（あわまりな）

○いみわからん詩でした。（4―1　かし本さき）
○いい詩ですね。次の詩も楽しみです（4―1　小川）
○いい詩ですね。（尾上ともき）
○私は、この詩の最後の所がいいと思いました。これからも、どんどん作っていって下さい。
○また、三田小学校にきてね。（わけ　えりか）
○まいつき出る詩をみれて、うれしかった。また、会えたらいいな。

②詩を書く子

○ぼくのかんがえたし

そのはて
人間は、しっぱい、かなしみであふれているけど、
それは、どりょくと、きぼうのかたまりだ。
それを、なしとげたはてには、
よろこびがある。

（片山慎一郎）

○　窓

今　まどをあらためてあけると
すごい大空がひろがっている
あけ放たれた
まどからは、
さわやかなかぜが
はいってくる
さあ、いま大空に

○　窓

小さなへやから
大きな世界へ
窓をあけると
ちがう世界になっている
ああ、外の世界はこんなにも
広くて気持ちよかったのか。

（天木）

（2）三月の詩②「なわとび」（三田小学校）

二〇〇七年三月の詩です。

なわとび　　武西良和

ぴょんぴょん
ぴよーん
子どもたちがとんでいる

びゅんびゅん
びゅーん
短いなわや長いなわ

赤いなわや
青いなわ
いろいろな　なわが
スピードを上げてつくりだす
シャボン玉

丸いかたちのなかで
子どもたちが
クルクル回っている

なわとびという
一本の
ひもがつくりだす宇宙
シャボン玉のなかの
ぼく　わたし

子どもたちの感想

ここでも分類は二種類にとどめました。

①感想を書く子

○こうちょう先生へ　いつもありがとう　あのね、なわとびの赤いなわや青いなわとかが　わかりやすくてとてもかんぺきです。また、こんどでもいいから　あたらしいしのおはなしをつくってくださいね。

（一年生やましたいあんより）

○こうちょうせんせいへ　一年一組　大谷　栞奈（女）

○詩はいいですね。

○なんじゃこりゃ

○へー

○わたしはなわとびがすきです。すごいと思いました。またよませてください。よろしくお願いします。また書いて下さい。

○校長先生は詩が上手ですね。

○校長先生の詩はすごいですね。わたしも詩がすきになりたい。詩を作るのが上手ですね。

○きれいな詩ですね！

〇また詩を書いてください。すごいですね。
〇すごいですね。３年　色もくふうしていますね。
〇いいなわだと思いました。

②詩を書く子

〇　そつぎょうせい
６年生が、そつぎょうするとき、
さくらの
つぼみがひらくよ

〇　はるの、はな
はるのはなは、いろいろあるよ
うめのはな、
なのはな、
さくら、

キラキラかがやく、
おひさまみたい

○さくらがはるの
風にゆらり
ゆらりと
ゆれている
もう春なんだなー（2ねん1くみ　おかざき　かえで）

（3）三月の詩③「シロの三月」（有功東小学校）

二〇〇六年三月の詩です。

シロの三月　武西良和

この月はいつもさみしい

学校に来たらいつも
見つめてくれた
あなた
声をかけてくれた
あなた
が卒業していく

卒業のないわたし
いつも在校生のわたし
いつも見おくる場所にいる
そこはさみしい
でもそこが成長を
見守るにはいい場所だということ

自分の成長が見たくなったら
来てごらん
一緒にここにすわって
ながめていよう

シロというのは、学校犬として「シロお散歩隊」の子どもたちがお世話していました。

3　詩はそれぞれの場所へ

卒業を控え、地域の広報誌などにいくつかの詩を書きました。詩に行き先があるというのはいいことです。就職していく子どものようでもあり、進学していく子どものようでもあります。

（1）広報原稿の詩①

二〇〇六年三月の詩。有功東小学校の広報誌（学校新聞）に書かせていただきました。

出発

武西良和

今　出発のとき
さわやかな風が吹き
霧が流れていく
東

を目指して
あたたかな光が降り注ぐ
燃える太陽から

君たちのなかで時間は
ゆっくり
と流れることもあり
はやく
流れることもあり
止まる
ことさえある

君たちの心のもちように応じて
自由自在に流れる
時間

時間は君たちの
生き方そのものであり
輝きそのものだ

時間とのつき合い方を
見つめてみよう
時間とのつき合い方が
君の人生

時間が分からなくなったら
語り合ってみよう
それぞれ異なった時間の
持ち主たちと
風
のなか

光
のなか
虹
の橋の上で
川が流れていく
海に向かってゆったりと
海は
新しい出発
君たちは新しい時間を
手にする

私の在任中、一組二組という学級の名称を全学年「風」組、「光」組と改めました。

（2）広報原稿の詩②

二〇〇六年三月、有功東小学校の広報誌に書かせていただきました。

笑顔

武西良和

一人ひとりの
笑顔が並ぶ
笑顔のなかに情熱
があり
笑顔のなかに友情
がある

笑顔のなかに
生きる力があり
笑顔のなかに
伸びる芽生えがある

すべての人に笑顔
があり
すべての人は笑顔
で輝く

笑顔は
周りの人を明るくさせ
なごやかにし
そして
勇気づける

（3）地域新聞の詩

有功東の地域の新聞「六十谷の子」三月号に書かせていただきました。

靴

武西良和

玄関の靴箱に
多くの靴が並んでいる
それぞれ
大きさは違っていても
靴の仕事を
精一杯している靴たちだ

この靴がこの学校を元気にしている
一人一人の足にすっぽりと入る靴

当たり前のように手にとり
履き

外に出て行くが
それは子どもたち一人一人が
行動するということ
子どもたちが働きかけるということ
伸びたいということ
あらゆる願いが
靴にはある

ときどき
靴を履く前に靴を手にとって
見つめてみたい
靴の願いを
そして靴の仕事ぶりを

（4）文集の詩

二〇〇六年三月、有功東小学校六年風組の文集原稿として花里美友紀さんに依頼されて書きました。

あなた

武西良和

あなたのなかに
何人の人がいますか

一人に決まっているでしょう
と思っている人もいます
二人　三人　四人　……
多くの人をかかえている人も
いるかもしれません

心のあたたかい人もいれば

運動の得意な人もいるでしょう
作文が上手な人も
詩を書くのがうまい人もいるでしょう

自分のなかにいるのは
自分一人ではないと気づいたとき
あなたは
元気になるはずです

（5）祝詞としての詩①

二〇〇六年三月、附属小学校卒業生へお祝いの詩として書きました。

あなたの風　武西良和
～新しい風を感じようとするあなたへ～

さっきまで
吹いていた寒い風が
春にはさわやかな風に
変わっていく

風があなたに吹いていく
風はつかまえることはできない
風は感じられるだけ
目に見えるもの
耳に聞こえるものだけに
頼ってはいけない
それだけではあなたのそばを風が
黙って
通り過ぎるだけ

風を感じよう
あなたに吹く風も
あなたに離れて吹く風にも

（6）祝詞としての詩②

二〇〇六年附属中学校三年生に卒業記念に贈る詩です。

卒業

武西良和

とうとう
来てしまったのだ
この節まで

あの節

向こうの節
もっと向こうの節と
竹の節のように見えてはいたが
今こうして節に出会ってみると
節というのは意外にも
幅のあるものだ

自分が今この節にいる
この感覚が
自分の存在を確かにする

確かに自分は
ここにいるという自覚が
生き
生活し

学習していく上で必要な場所
自分の立ち止まる場所
そして振り返る場所

振り返って見えるもの
それが
君自身であることの証明

（7）祝詞としての詩③

平成十九年度、和大附属中学校三年生に卒業のお祝いに、次の詩を贈ります。

海

武西良和

想像してください

みなさんの前方に広がる
広く青い海を

想像してください
みなさんが海に出て揺れている
舟の上にいることを

想像してください
波が舟に向かって打ち寄せ
白いしぶきが立っていることを

想像してください
しぶきが頬に当たって
あなたの心を鎮めていることを

想像してください
次々と変化していく
あなた自身を
あなたの想像力の逞しさの腕に抱かれて

あとがき

校長として有功東小学校で二年間、三田小学校で二年間の計四年間。毎月、校長室前の掲示板に自作の詩を書いて掲示してきました。そのときどきの詩に子どもたちが、思い思いの感想を書いてくれました。感想を書いて下さいと言ったわけではないのですが、感想を書いてくれる子が出てきたので、感想を入れる箱を準備したのでした。私が詩を書き、子どもが感想を書く。この本は、そのサイクルで進んでいます。その照応関係の中で次の月の詩が生まれ、子どもと私のなごやかな関係が大きく育てられました。それを信頼関係と呼んでも、大きく外れることはないと思います。

この本の構成は春の詩、夏の詩、秋の詩、冬の詩、別れの詩というように五部構成をとっています。また、その分類をさらに細かく見ると、春の詩は四月、五月、夏の詩は六月、七月、秋の詩は九月、十月、十一月、冬の詩は十二月、一月、二月、そして別れの詩は三月というようにしています。

この構成の意図を少しお話しておきます。春、夏、秋、冬は四季ということで整理しています。「別れ」という章を設けたのは、学校は「出会い」とともに、やはり「別れ」という節目が大事な気がしています。四月に出会った子どもたちとその学級、学年との別れ、卒業生として学校との別れなど節目として多くの別れがあるからです。

みんなはいっぱい走ってつかれる
だけど　みんなといっしょに
遊んでくれるから
楽しい
だから　わたしの校長先生は
世界一だ!

前書きをお書きいただいた野地潤家先生には、「あなたはすぐれた詩を書いておられるのですから、ご自作の作品で詩の授業をされてはどうでしょう。他の詩人の詩より親しみを感じて新しい詩の授業ができると思います。」とおっしゃっていただいていました。授業というものを教室という空間だけではなく、学校というやや広い空間に広げれば、これも授業と認めていただけるのではないかと考えています。子どもとわたしとの詩の授業に、あたたかいお言葉をいただけたことに感謝申し上げます。

溪水社の木村逸司さまには、この本が出来上がるまで、さまざまなご苦労をおかけしました。また、編集と校正については西岡真奈美さんにお世話になりました。改めてここに感謝いたします。

二〇〇八年八月二十一日

武西良和

著　者
武 西 良 和（たけにし　よしかず）

和歌山県公立小学校教員、和歌山大学教育学部附属小学校教員、副校長、和歌山大学教育学部国語科非常勤講師、和歌山県公立小学校校長等を歴任した後、
現在、智辯学園（和歌山小学校）勤務。

《国語教育関係》
国語教育関係著書等については単著、共著あわせて30冊を越えるが、単著で主なものは「新しい・高学年の作文教室～子供の文章感覚を磨く～」（1992年　日本書籍）、「『と』でむすび、広がる書く学習～書くことの芽を育てるアイデア～」（1999年　東洋館出版社）など。
《国語教育事典関係》
国語教育事典関係では「国語教材研究大事典」（1992年　明治図書）、「国語教育辞典」（日本国語教育学会編）（2001年　朝倉書店）、「国語学習なっとく事典　作文の達人」（1997年　講談社）など分担執筆。
《詩集等》
詩集等については「水中かくれんぼ」（1995年　竹林館）、「わが村　高畑」（2002年土曜美術社出版販売～本詩集は2003年度　第１回更科源蔵文学賞受賞～）、「子ども・学校」（2004年　日本文学館）、「きのかわ」（2006年　土曜美術社出版販売）～本詩集は「21世紀詩人叢書」第Ⅱ期19～）ほか「詩と詩想」や「日本詩人クラブ」等のアンソロジー詩集や、全国生活語詩集にも参加。
《個人発行雑誌等》
私家版として「国語教室」（国語教育個人雑誌　１～５集）、「ことばの力」（国語授業・言葉の通信　１～29集）などを発行している。また、詩の雑誌としては個人詩誌「ポトリ」（2006年３月25日創刊）は現在、第９号。
《国語教育関係の受賞等》
国語教育関係の受賞については、国語教育界の優れた実践・研究者に贈られる「第20回　博報賞（国語教育部門、個人　1989年11月）」受賞。
《詩関係の受賞》
詩関係の受賞については、詩集「わが村　高畑」が第１回更科源蔵文学賞受賞（2003年）したのをはじめ30回ほどあるが、主なものは第25回白秋祭詩特選（1994年）、第31回詩人会議賞（1997年）、第12回国民文化祭文芸祭り現代詩部門丸亀市長賞（1997年）、第15回国民文化祭文芸祭り現代詩部門三原市議会議長賞（2000年）、第２回詩のフェスタひょうご2001兵庫県教育委員会賞、第４回詩のフェスタひょうご2003実行委員会賞、第19回国民文化祭文芸祭り「壁」が現代詩部門福岡県議会議長賞（2004年）、第20回国民文化祭文芸祭り「紙漉き」が入賞（清水町長賞）（2005年）、第６回詩のフェスタひょうご2005詩「写真」兵庫県議会議長賞、第７回「家族・愛の詩」家族賞受賞（2007年）など。

ぼくとわたしの　詩の学校

平成20年９月30日　発　行

著　者　武 西 良 和
発行所　株式会社 溪水社
広島市中区小町1－4（〒730-0041）
電　話（082）246－7909
ＦＡＸ（082）246－7876
E-mail: info@keisui.co.jp

ＩＳＢＮ978－4－86327－030－5　C3081